来自德国的问候
预祝您拥有一个美好假期!

亲爱的读者:

或许您会问自己,为何您买了一本德国而非本国制作的旅行指南?但请放心,您已经为此做出了一个正确而又明智的选择。

在2012年中国取得全球旅行冠军之前,该头衔一直被德国保持。对于德国这样一个"小国家"来说,这是令人惊叹的!原因可能是,自1950年开始,旅行的梦想对于广大的德国人来说开始变得更为现实。因此,梅尔杜蒙在与北京出版集团的合作中茁壮成长。

"梅尔杜蒙"的故事是一个了不起的故事,从充满冒险的旅程到成为家族的旅行事业,直至今天已传承三代,现由创始人的孙女继续领航这一成功之旅。如今的"梅尔杜蒙"已是欧洲旅游产品领域遥遥领先的品牌。

手握这样一本旅行指南,您可以高枕无忧。请您相信,无论您要去的是世界的哪个地方,梅尔杜蒙近百年的专业经验以及适合中国旅行者的本土化信息,都可以帮您更精确地了解旅行目的地。

请您开始一段全新的奇遇之旅吧!

这本书会是一个随时陪伴您的伙伴,预祝您有一段充满新的发现和希望的完美旅程!

中国作者
杨旻

德国作者
比尔吉特·韦伯
（Birgit Weber）

　　杨旻，旅游品牌公关顾问，旅行爱好者，自驾达人，旅行作家。已走过39个国家，260多座城市，自驾十余国。爱自驾，爱青旅，爱小众目的地探路，一人一车一行李箱，是她的旅行主题。现作为旅行作家，经营自己的社交媒体平台@游旻Skaey，撰写真实且实用的旅行攻略、自驾指南，讲述一路的旅行故事和旅行感悟。

　　她是一个对品茶充满热情的人，只是至今她也未同英国女王一起喝过茶。她在英国喝的第一杯茶是一杯只加了少许茶的牛奶。此外，比尔吉特喜欢英国充满创意的菜肴。二十年来，伦敦这座泰晤士河边的大城市一直是她的心头最爱，因为她每次来到这里，总会有一些新的发现。

梅尔杜蒙的故事

　　希尔德（Hilde）和库尔特·梅尔（Kurt Mair）是为旅行而生的。早在20世纪20年代第一次世界大战刚刚结束时，他们就驾驶着汽车或者摩托车穿梭在欧洲大陆上。漏气的轮胎、过热的冷却液、失灵的刹车，这些都无法阻挡他们前进的步伐。那时有很多我们今日无法想象的场景，甚至没有一张地图！即使是这样，连撒哈拉大沙漠也无法阻挡梅尔夫妇的冒险之旅。同样他们也会做测绘之旅，这些被探测的路况信息会被精确地整理和保存。第二次世界大战结束后，1948年，库尔特·梅尔成立了公司，路书和地图册是他们的主营产品。库尔特·梅尔离世后，他时年26岁的儿子福尔克马尔（Volkmar）继承并领导这个企业，为今天的梅尔杜蒙集团打下了基石，使集团成为一个全球性的媒体集团，其在全球拥有多家办事处，员工380名，年销售额约1亿欧元。

　　今日的梅尔杜蒙集团不仅仅提供地图，旅行指南、旅行画册、旅行冒险和电子产品构成了集团丰富的产品组合。在中国，梅尔杜蒙与北京出版集团于2014年成立了合资公司，开始服务于中国旅行者日益增长的需求。

伦敦

8	**欢迎来到伦敦**
14	**当地锦囊**
16	**体验伦敦**
	16 免费畅游
	17 本色伦敦
	18 雨天游玩
	19 休闲之所
20	**潮流之选**
22	**伦敦面孔**
28	**景点**
	30 肯辛顿、骑士桥和切尔西

	35 威斯敏斯特、圣詹姆斯和梅费尔
	41 布卢姆斯伯里、科文特花园和索霍
	48 金融城、克勒肯维尔和霍尔本
	54 南岸、萨瑟克、岸边和兰贝斯
	60 其他景点
	64 周边景点
66	**美食**
78	**购物**
90	**夜生活**

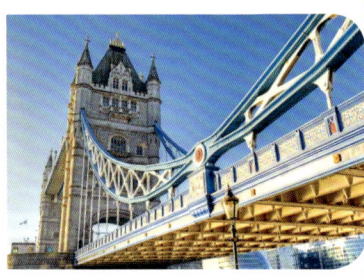

图标

- 当地锦囊 当地锦囊
- ★ 必游景点
- ●●●● 体验伦敦
- ☼ 远眺点
- Ⓨ 适合环保、生态旅游
- (*) 拨打需付费的电话号码

酒店价格（含早餐的双人房）

£££ 172英镑以上
££ 120~172英镑
£ 120英镑以下

餐厅价格（不含酒水的正餐）

£££ 28英镑以上
££ 16~28英镑
£ 16英镑以下

目录

102 住宿

112 独特体验之旅

　112 伦敦最美之旅

　116 穿越伦敦东区之旅：咖喱、葡萄酒和涂鸦

　119 泰晤士河边及河上：文化、教堂和美食

　122 不只属于周日的散步之旅

　125 切尔西：富有、时髦又现代化

128 带着孩子旅行

130 每月节庆与活动

132 旅行随时查

134 实用信息

140 教你当地话

144 索引

148 禁忌事项

信息检索
书籍/电影→P.25
健身→P.51
最爱的美食圣地→P.70
特色美食→P.76
休息一下→P.88
不要睡过头！→P.109
节庆日→P.131
体育赛事→P.136
货币汇率→P.137

伦敦天气→P.138
它们值多少钱 →P.139

地图标注
（折页A-B2-3）：折页地图上的位置
（折页a-b2-3）：折页地图中附加地图上的位置

欢迎来到伦敦

　　第一次来伦敦的人，对伦敦的初印象都是红色的双层巴士、大本钟（Big Ben）、圣保罗大教堂（St. Paul's Cathedral）的厚重穹顶、糖果店和伦敦塔桥（Tower Bridge）。第二次或者第三次到伦敦旅行的人才知道，还有许多其他事物属于伦敦。加上疯狂的时尚潮流、音乐文化、国会大厦的政治和权力以及白金汉宫（Buckingham Palace），伦敦的形象就又丰满了一点。伦敦是文化多元的国际大都市，有860万人口，有世界级的博物馆和剧院，还有美味的餐厅。伦敦是世界金融和媒体中心，也引领着音乐和时尚的潮流。在英国"脱欧"的影响下，伦敦会如何变化，要明确这个问题还需要过些时日。

　　城市为金融从业者提供了大量的工作岗位。早在2 000多年以前，伦敦就是古罗马的商业城市，名为伦底纽姆（Londinium）。后来，盎格鲁-撒克逊人和维京人占领了这片土地。诺曼人在1066年黑斯廷斯战役胜利之后，夺得了盎格鲁-撒克逊国王——忏悔者爱德华（Edward the Confessor）留下的王位，这也是这

上图：千禧桥和圣保罗大教堂

伦敦

座城市最后一次被占领。在中世纪,伦敦由老城区和泰晤士河北岸这两个中心地带发展成为议会、皇室和贸易的中心。没有人刻意对城市进行规划。在1666年,伦敦大火吞噬了整个城市五分之四的木质房屋。之后,伦敦错过了几次城市规划的机会,这也使这座城市呈现今天令人喜爱的小区块样式。

伦敦是由几个城区发展而来的:有许多市民房屋的梅费尔(Mayfair),有许多老牌俱乐部的圣詹姆斯(St. James's),供娱乐的索霍(Soho),20世纪建成的比较现代化的布卢姆斯伯里(Bloomsbury)、斯皮特尔菲尔德(Spitalfields)和肖尔迪奇(Shoreditch),充满创意的东区(East End),具有海洋魅力的格林尼治(Greenwich)和绿色的汉普斯特德(Hampstead)。生于伦敦东区圣玛丽波教堂(St. Maryle Bow)附近的人认为自己是真正的伦敦人。但其实,真正的伦敦人已经不存在了。最迟在17世纪时,来自法国的丝织工人在伦敦定居下来,伦敦也因此逐渐变成了一个世界性的城市。19世纪时,爱尔兰人来伦敦寻找工作机会,20世纪50年代时,来自加勒比地区英联邦国家的人向英国移民。

> 文化多元却又很有英国特色。

他们在这儿有自己的社交圈子并且保留着部分传统。一些历史名人也来过伦敦,比如法国启蒙运动时期的哲学家伏尔泰(Voltaire)在1726年流亡到伦敦;圣雄甘地(Mahatma Gandhi)于19世纪末在伦敦学习法律,被英国社会活动家和剧作家乔治·萧伯纳(George Bernard Shaw)所启蒙;汉普斯特德是逃离纳粹迫害后的西格蒙德·弗洛伊德(Sigmund Freud)最后一个住所。今天,人们只需要乘坐地铁,就可以观察到伦敦的多样性:穿针织条纹衫的城市管理者坐在留着脏辫儿的加勒比少年旁边,穿着运动设计品牌玩滑板的女孩和穿着沙丽的孟加拉女孩坐在一起,当然也能遇见中国人。2005年的炸弹袭击没有动摇这座城市对世界的开放性和多元文化的生活方式。

伦敦不能代表整个英国,但是却体现了某些属于英国人的性格:矜持、有

欢迎来到伦敦

哥伦比亚路花卉市场

礼貌、宽容的个人主义,尊重传统、有保留的交谈和自嘲精神等,这些特性在这个大城市并存着。在这座城市里存在30多种文化,超过三分之一的伦敦人是少数民族。

> **大城市的日常生活。**

在距离特拉法尔加广场(Trafalgar Square)40分钟路程的绍索尔(Southall),您可以听到印度音乐,见到卖丘尼卡套装的商店,闻到旁遮普地区的咖喱味。在这个英语起源的国家里,人们说着300多种语言。但是,现在英国却有不不和谐的声音——移民一再成为人们争论的话题,尤其是2016年6月全民公投决定"脱欧"以后。伦敦大多数市民是反对英国"脱欧"的。伦敦只有45%的人口是"白种英国人",所以伦敦反对排斥外国人。伦敦人每周平均收入750英镑,但是不同城区的收入水平差异很大。肯辛顿(Kensington)与切尔西(Chelsea)两个城区和陶尔哈姆莱茨(Tower Hamlets)分别是全英国最富裕和最贫穷的地区。近年来失业率有所下降。

伦敦

伦敦人不怎么注重资源回收,但人们越来越注重绿色出行,骑自行车去上班并积极参与义务工作:参与"绿色健身房(Green Gym)"活动,在公园里植树造林。公民的社会参与是很重要的,因为社会服务的财政预算被削减了。伦敦人对政治和文化很感兴趣,在上班路上,他们常常使用iPad和电子书学习。

伦敦有个由来已久的别名——"雾都"是因为其工业污染曾严重威胁人们的生活。事实上,伦敦与和它大小相当的其他城市比起来,有更多的绿地。海德公园(Hyde Park)、格林公园(Green Park)和摄政公园(Regent's Park)里有幽美的散步道。午休时间,附近的白领会拿着他们的三明治来这里吃午餐。这些皇家园林展示了皇室如何默默地影响着伦敦人的日常生活。皇室为这座城市带来了很多游客,但是对伦敦人来说,女王远远不如阿森纳足球俱乐部(Arsenal Football Club)的教练或者肥皂剧《东区人》(Eastenders)的剧情发展重要。2011年,平民凯特·米德尔顿(Kate Middleton)嫁入了皇家。2012年媒体和民众的主要兴趣却在女王身上,因为她在这一年庆祝她登基60周年。

伦敦现任市长是萨迪克·汗(Sadiq Khan)。他面临着解决伦敦人的出行和住房困难的难题。伦敦有世界最古老的地铁网络,每年运送量达10亿人次,常常受到技术问题的困扰。银禧线(Jubilee Line)上的地铁站看起来像教堂。尽管伦敦是整个欧洲公共交通最贵的城市,它仍然饱受交通阻塞的困扰。"跨越铁路项目(Cross Rail Project)"是解决问题的措施之一。这条东西方向的地下线路从2019年年底开始,从希思罗机场(Heathrow Airport)通往金融城——金丝雀码头(Canary Wharf)。第二受关注的是住房问题。伦敦的地产价格是全欧洲最高的。在切尔西等富人区,一套两居室价格约80万英镑。独栋房子常常花费上千万英镑,成为有钱的外国人投资的商品。因此,对许多伦敦的年轻人来说,找到买得起的、算得上地处中心的住处是不可能的。艺术家们为了找到便宜的居所,搬到了市郊,如霍斯顿(Hoxton)、肖尔迪奇、达尔斯顿(Dalston)和哈克尼(Hackney)。这些碎片一样分散的区域发展成了潮流区。这里的"潮流"指的可不是振兴的诺丁山(Notting Hill)——在诺丁山的快餐店、一英镑店以及海报堆叠的院墙和飞舞的塑料袋中行走,您会体验到这里的繁荣。而在伦敦东部没有经过重新粉刷的地区,生活着许多年轻人,他们坚守着自己的风格。在不断变换的风景中,他们知道从哪个破破烂烂的墙后沿着楼梯向下走,会有最近特别火爆的俱乐部。泰晤士河南面的城区也在不断发展,如克拉珀姆(Clapham)和佩克汉姆(Peckham)。它们推动伦敦发展成为世界上最有活力的城市之一。

感受伦敦脉搏最好的地方是泰晤士河边。伦敦人发现,这里特别适合散步。浑浊的河水让人以为自己看错了:泰晤士河近50年来不再清澈,现代化的亨格福德桥(Hungerford Bridge)、金色千禧桥(Golden Jubilee Bridge)和新建的千禧桥(Millennium Birdge)给了这座城市新的风格。这里以河为界,划分为北岸的银行金融区和南岸(South Bank)的政治部门区。过去南伦敦的

欢迎来到伦敦

公共建筑较为落后,缺乏基础设施;现在南边赶了上来,引领着新的潮流。伦佐·皮亚诺(Renzo Pianos)设计的办公楼——碎片人厦(The Shard)是萨瑟克(Southwark)的象征,这是欧洲第二高的建筑。沃克斯霍尔(Vauxhall)和巴特西(Battersea)正在建造更多的摩天大楼。2012年的奥运会使得东部进一步扩张,现在,比赛的场地已经改成了伊丽莎白女王公园。正是这些动力推动伦敦发展成为世界上最有活力的城市之一。

随时准备上车:乘地铁上下班

当地锦囊

从所有的当地锦囊中，我们为您挑选出了15条最棒的旅行建议。

当地锦囊 和恐龙彻夜狂欢
晚上展览时，在自然史博物馆里会售卖酒水。人们甚至可以睡在恐龙旁边。→ P.34

当地锦囊 含酒水的早午餐
决定周日去特色咖啡酒水厅Drink, Shop & Do吃无限量早午餐的人，可以在两小时之内尽情喝普洛赛克葡萄酒。→ P.69

当地锦囊 自行车之旅
每天10:15的时候，伦敦自行车旅行公司会组织一场自行车旅行，由导游带领，需要提前报名。→ P.138

当地锦囊 停车楼的夏天
夏天，在废弃的停车场楼顶上，您可以品尝一杯凉爽的鸡尾酒。在弗兰克咖啡馆，您还可以免费欣赏伦敦的天际线。→ P.93

当地锦囊 在公园里的休息
在肯辛顿公园里，散步之后，您能在公园里环境优美的橘园咖啡馆里喝茶或者皮姆酒。→ P.125

当地锦囊 省钱的风景
对于不富裕的旅行者来说这里非常合适。泰特现代美术馆提供了免费的艺术享受，附近新建的大楼顶层为您提供了绝妙的远眺观光地。→ P.59

当地锦囊 博物馆里的时间之旅
很好奇维多利亚女王时期的伦敦人是怎样购物的？在约翰·索恩爵士博物馆里，您可以在历史的商业街里玩闲逛，进行一场穿越之旅。→ P.52

当地锦囊 星级餐厅的享受
在午餐时间，人们也可以以可承受的价格在米其林餐厅L'Autre Pied吃到可口的食物。→ P.73

减少购物压力

建议您避开牛津街众多的购物者。推荐您去伦敦东区的肖尔迪奇，这里已经发展成了商业街。在红教堂街和柴郡街有许多品牌店和独立厂牌店以及稀奇古怪的个性商店。→ P.79

泰晤士河之上

您在行人走动的玻璃伦敦塔桥上向泰晤士河望去时，可能会有点眩晕。伦敦塔桥为了让船只通过而向上掀开的场面很值得一看。→ P.122

纯粹的印度

到位于尼斯登的印度寺庙（上页图）的路很远，在令人印象深刻的寺庙仪式结束后，您可以去莎优那餐馆品尝地道的印度味道。→ P.63

在夜晚狂舞

您要密切关注网络，以获得实时的舞池信息：Supa Dupa Fly聚会的举办地区每周都更换。→ P.95

致敬音乐家

在韩德尔和亨德里克斯故居里举办的古典或者摇滚音乐会上，人们会向这两位伟大的音乐家欢呼致敬。→ P.38

周六去国会大厦

每周六都会有参观英国国会大厦——"所有议会之母"（下图）的导览。→ P.39

热带风情

在热带植物中，人们可以透过"对讲机大楼"的玻璃瞥见空中花园。这座大楼位于芬丘奇街20号。→ P.54

体验伦敦

免费畅游
既省钱，又能发现新事物

省钱有道

- ● **碧绿的草坪**
  没必要买3.6英镑一把的躺椅，在伦敦的许多草坪上，人们可以直接坐下来，享受美味又实惠的野餐，比如在海德公园（下图）。→ **P.32**

- ● **骑自行车，减少碳排放**
  骑自行车不但对健康有好处，而且可以保护环境。为什么不在伦敦自行车租赁系统租一辆车骑行到博物馆呢？前半个小时的骑行是免费的。→ **P.135**

- ● **皇家照相机会**
  观看白金汉宫前皇家骑兵护卫队巡游前的换岗并不收费。可以拍到许多美丽的制服和华丽的排场。但是要想站在一个好的观看位置，您得早点出发。→ **P.37**

- ● **免费体验文化**
  在英国电影协会的媒体库里您可以免费观看国家档案馆收藏的经典的电影以及受欢迎的电视剧。→ **P.96**

- ● **加冕教堂的礼拜**
  如果您想参观加冕教堂内部的话，威斯敏斯特教堂会向您收取20英镑的昂贵入场费。您可以在工作日参加免费入场的晚间祷告，好好欣赏华丽的建筑。→ **P.41**

- ● **午餐时间的音乐会和艺术展**
  请您把午餐稍微推后一点，去往圣马丁教堂享受免费的午间音乐会。教堂地下室的艺术展览同样不收取门票。→ **P.47**

- ● **缪斯庙和众神庙**
  伦敦的博物馆非常慷慨大方：大英博物馆、维多利亚—艾伯特博物馆和威斯敏斯特大教堂都不收取门票！→ **P.44**、**P.35**、**P.41**

本色伦敦
不容错过的特色体验

● **心满意足,别无他求**

丽兹酒店一直提供有创意的下午茶(右图)。在这儿的棕榈阁里,氛围、服务、茶和松饼的品质,一切都近乎完美。→ P.69

● **鸟瞰角度**

多么美丽的城市风光!最好的俯瞰点当属泰晤士河边上的巨型摩天轮伦敦眼和碎片大厦。 P.55、P.58

● **舞动起来**

在晚上舞动起来:有精力的人在周末会去事先预告的种类繁多的舞会,跳到筋疲力尽。内阁之声以前是公交车站,现在很有氛围。→ P.94

● **鱼和薯片**

典型的英国食物脂肪含量特别高:薯片、麦芽醋搭配裹面糊油炸的鳕鱼、黑线鳕或者鲽鱼。您一定要在波披士尝一下这种食物,这是伦敦的特色! → P.72

● **赶集**

熙来攘往,伦敦的集市给人繁忙的感觉:建议美食爱好者去博罗市场!喜欢淘便宜商品又赶时髦的人在百老汇市场和红砖巷市场肯定会淘到心爱之物,在这儿,人们欣赏并惊叹于商品的繁复,挑选商品并讨价还价。→ P.86

● **去酒吧**

在本地的酒吧里喝一杯啤酒或者苦味酒是英国人典型的享受方式。这些酒吧通常采用青春艺术风格的室内装饰,位于河边或者曾经的车站。您可以在黑衣修士酒馆或者鸽子酒馆品味真正的麦芽酒。→ P.99、P.100

● **乘双层巴士游览**

在伦敦街道上行驶着新的和旧的双层巴士,有些是专用观光车,但大部分是普通的公交车。不管顶层有没有封闭,在上层视野开阔,总是比在下层看到的风光要好得多。→ P.28、P.137

本地特色

雨天游玩
下雨天，也美妙

- **关于茶的知识**
  您可以坐在茶学校的课桌后聆听讲解：每周六10:00在绘叶书茶铺有专门的课程（需要预约）。您可以学到区分精选好茶和稀有茶叶的方法。→ P.68

- **珍品陈列室**
  在约翰·索恩爵士博物馆里陈列着各种稀奇古怪的有英国特色的东西。这位英格兰银行的建筑师在这里生活时，收藏了很多他所喜欢的东西。在每月第一个周二，博物馆里会点燃蜡烛，人们可以在烛光中参观展品。→ P.52

- **打保龄球**
  与保龄球俱乐部喝啤酒的氛围不同，在这家名为全明星球道的保龄球馆，人们推崇"精品保龄球"的概念，开球时喝香槟或者鸡尾酒。这里是伦敦保龄球爱好者的必去之处！→ P.92

- **"脸书"上找不到的肖像**
  尽管英国国家肖像美术馆展示的都是人像，但是人们在社交媒体上却找不到这些人。当您在顶楼的餐厅用餐并向远处眺望时，您可以看到这座城市的肖像。→ P.46

- **伦敦之音**
  在伦敦东区的粗糙交易唱片店，您可以安静地听精选歌曲。等雨停了，您可以逛整个红砖巷。→ P.88

- **购物天堂**
  若在您的旅行清单上，购物是必不可少的一项，那么韦斯特菲尔德购物中心（上图）就是您理想的目的地了：那里有350多家商店期待您的光顾。如果您坐地铁前往，就算下雨也基本不会被淋湿。→ P.78

下雨时分

休闲之所
深呼吸，尽情享受，忘记烦恼

放松身心

● 购物疲劳了？
购物袋很重，压得肩膀疼：您应该在塞尔弗里奇（地下一层）享受一下背部按摩，10分钟令人放松的按摩之后，您就能恢复精力体力，继续购物了。→ **P.84**

● 奥林匹克公园
别担心，在伊丽莎白女王奥林匹克公园（下图）里追求的不是最好的成绩，人们在这里散步、野餐、放松，是为了享受美好的风光。→ **P.62**

● 天文秀
这里看不到未来的景象，但可以仰望夜空！请您坐在格林尼治天文馆倾斜的舒服座椅里，为今夜天空秀展示的天文现象而着迷。→ **P.60**

● 轻松享受
您可以在东方的土耳其浴室和西方的茶疗法之间做选择。卡撒水疗提供东方的享受方式，棕榈阁川水疗则代表西方的疗法。两种都会使人感到非常放松。→ **P.88**

● 对伦敦感到厌烦？
车辆轰轰作响，人们脚步匆匆，地铁里令人窒息。解决方法是逃到绿色的汉普斯特德郊野公园，人们可以从美丽的风景中汲取力量。→ **P.61**

● 带温泉疗养的旅馆房间
在菲尔丁酒店入住是件一举两得的事：这里是伦敦西区的中心，而且方便到达科文特花园健身中心。→ **P.108**

● 专为爱好阅读的人设置
福叶尔书店5层的咖啡厅为书迷提供了喝咖啡休息的场所，喝完还可以到下一个楼层去淘书。→ **P.81**

潮流之选

1 开花的伦敦

绿色城市 🌱 城市里留给自然的空间很少？这并不会给像游击园艺（Guerrilla Gardening）这样的组织带来太多困扰。他们在用向日葵装点这座城市（@ www.guerrillagardening.org，左上图）。运动赛事也为城市的植树项目做出贡献：人们在举办跑步这类活动时会筹集资金，然后再把这些钱用来绿化城市或者保护古树（@ www.treesforcities.org）。

2 自制食品

啤酒、奶酪、意大利面和香肠 伦敦人对于自制食品的热爱还在继续，人们都想摆脱超市的千篇一律，在吃饭时也要追求本土特色。在每周集市上，农夫们提供各样的有机食品，如意大利面、面包、果酱和香肠（@ www.lfm.org.uk）。威廉·奥格尔索普（William Oglethorpe）生产有机的奶酪（@ www.kappacasein.com）。集市上饮品的种类很多，都是自酿的。在伦敦的酒吧里，手工精酿啤酒有自己的供应季节。一般供应量不大，啤酒是在当地酿成的，有许多口味，从果味到苦味、从清爽到苦涩应有尽有（@ craftbeerlondon.com）。

3 尽享欢宴

客厅氛围 利路晚餐俱乐部（Leluu's Supper Club @ www.leluu.com）的晚餐酒吧特别受追捧。您可以通过邮件预约，然后就可以到利路家里用餐了。在不显眼的门后隐藏的酒吧也是非常流行的。人们推开镜子或者打开冰箱，可以发现一个隐藏的空间。您可以在 @ www.londonpopups.com网站上找到更多的晚餐酒吧。

伦敦有许多新鲜事物等待您去探索。

咖啡馆之乡

时间就是金钱 伦敦的连锁咖啡店受到了客厅咖啡馆带来的许多竞争压力，因为后者给人一种故乡的感觉。在肖尔迪奇的时间咖啡馆（Ziferblat 🏠 388 Old Street @ london.ziferblat.net），人们可以得到免费的咖啡、饼干和无线网络：人们自己煮咖啡，按在那里度过的时间交上网费。人们在那儿上网、喝咖啡，每分钟花费5便士，一个小时支付3英镑。娜娜咖啡馆（Nana Café @ www.wearenana.com）里的传统菜肴让您体味伦敦的旧日时光。一对很显年轻的老妇人为您上菜。法律咖啡馆（The Legal Café 🏠 81 Haverstock Hill, Hampstead @ www.81haverstockhill.com）不是以故乡的感觉吸引人，而是用美味的食物来款待客人。Lock 7（🏠 129, E2 Pritchard's Road, Hackney @ lock-7.com）在客人小口慢饮咖啡时，提供修自行车的服务。

活力夜晚

浪花飞溅 晚上可以乘坐赛艇或者独木舟在泰晤士河上来一场水上冒险（右下图）或者在沙滩浴场里游泳。不要再沉迷于网上社交了，多到现实生活中与人交流吧。这些活动对"夜猫子"和随时准备迎接惊喜的人来说，再合适不过了。人们在月光下游泳，在篝火旁取暖。独木舟划过伦敦塔桥下，人们从消防梯爬到酒吧里，吃点小吃。万圣节时，在摄政运河（Regent's Canal）上会有惊奇之旅。秘密探险（Secret Adventures 📞 020 32 87 79 86 @ www.secretadventures.org）负责组织这些活动，这个组织是由一群爱好冒险和发现新乐趣的人组成的。

伦敦面孔

伦敦面孔

国际上的八卦小报对皇室的关心虽然一直持续着,但是已经没有像20世纪90年代那样,对伊丽莎白二世女王和菲利普亲王的孩子们的新闻那么关注了。现在人们关注的焦点是王室的爱情。威廉王子自从前些年和平民王妃凯特结婚之后,已经为王室三次开枝散叶,生下了乔治王子、夏洛特公主和路易斯王子。哈里王子也于2019年有了儿子阿尔奇王子。

到底是什么使外国游客对皇室的如此向往呢?是事先排演过的阅兵和庆典上的华贵穿着和熊皮帽子,还是人们童年时对灰姑娘和她的王子的向往?首先,伊丽莎白二世女王本身就让人们对皇室怀有极大的崇敬。值得注意的是,她六十多年如一日地坚守着王室的纪律和尊严,讲究自己的穿着打扮。虽然已经90多岁,她还是认真对待每一次公众场合的出席。年事已高却还保有高度的责任感和参与

上图:在女王生日阅兵式上的卡米拉和凯特

多元文化、君主制度和音乐：新的潮流和老的传统共同影响着泰晤士河边上这座城市的生活。

度，不能不让人肃然起敬！

多元文化

伦敦是世界上和纽约并称的多元文化城市，现在它又多了一个新的看得见的多元文化标识：2016年5月新选举的市长萨迪克·汗。因为萨迪克·汗是巴基斯坦移民的孩子并且是伦敦第一位信仰伊斯兰教的市长，这在伦敦的历史中是前所未有的。作为公交车司机的儿子，他成长

伦敦

在多种民族混居的伦敦南部的图庭（Tooting），观察到了各个阶层的苦难和担忧。他和前任市长正好截然相反，前伦敦市长鲍里斯·约翰逊（Boris Johnson）是伊顿公学（Eton College）的学生，牛津大学毕业生，出身白人精英阶层，在保守党内有很深的根基。萨迪克·汗是工党成员，现在面临着许多挑战，要在这个多元文化的城市里实行改革。

蜂王浆

在白金汉宫后面是一座占地面积比较大的皇家花园，里面鲜花遍布，灌木丛生，小路蜿蜒，有一个网球场和一个小小的湖，还有古老的树木和花园凉亭。有两株法国梧桐长得特别茂密，它们的枝叶都交织在一起，象征着一对幸福夫妻的美好图景，因为这是维多利亚女王和阿尔伯特亲王栽的树。宫殿面向花园的一边可以看到嫩绿的草地。这片草地在夏天时会被用作一些活动的场地，比如举办皇室的花园宴会。要是人们为运动员、志愿者或者在这一年内为国家活动做出了自己的贡献，就有机会被邀请参加女王的花园宴会。下午时分，超过8 000名客人踏上维护得很好的草地，吃掉2万块蛋糕和大量三明治，还会喝掉2.7万杯茶。尽管公园里有很多昆虫，人们在下午到来时也穿得很少，而且不会喷防蚊虫的药剂。因为公园里大多数昆虫是来自新西兰的蜜蜂，女王把它们养在湖中心的岛上。这种蜜蜂不仅每年能产400罐蜂王浆，而且与英国本土蜜蜂相比，攻击性要小得多。要是成群结队的蜜蜂攻击王室的尊贵客人，会很难堪。

音乐之魂

曾被称作"摇摆的六十年代"的伦敦如今依然随着优美的音乐舞动。受欢迎的音乐种类如车库乐、嘻哈乐、鼓打贝斯和节奏布鲁斯等持续不断发展。重金属摇滚由摇滚乐发展而来，电子乐和爵士以及布鲁斯元素融合在一起。在这儿，潮流不断更新。新的音乐人才辈出，他们在学校里组建乐队，在视频网站上成名之后就开始于俱乐部登台演出。卡姆登（Camden）对音乐的狂热已持续了超过50年。伟大的音乐人如滚石乐队、吉米·亨德里克斯（Jimi Hendrix）在传奇的"圆房子（Roundhouse）"里进行精彩的现场表演。模糊乐队

阿黛尔，来自托特纳姆的热门歌手

伦敦面孔

（Blur）、绿洲乐队（Oasis）、山羊皮乐队（Suede）、艾米·怀恩豪斯（Amy Winehouse）、大卫·鲍伊（David Bowie）和平克·弗洛伊德乐队（Pink Floyd）给卡姆登带来了荣耀。阿黛尔是来自伦敦托特纳姆（Tottenham）的流行乐歌手。她演唱的007系列电影《007：大破天幕杀机》（Skyfall）主题曲给她一个奥斯卡奖、一个格莱美奖和一个金球奖。她于2015年秋天发表的忧伤情歌《你好》（Hello）击中了大众的心灵。这首歌马上成为热门曲目，长时间占据着排行榜的前几名。电台主播的精神备受蹂躏，他们不得不持续几周播放这首歌，以至于到最后，他们都不能忍受再听这首歌了。

饮茶时间

不用担心，您来伦敦旅行，不是一定要喝茶。除了大的咖啡连锁品牌的门店，这里也有很多小的自营的咖啡屋。但是，茶对伦敦人乃至英国人来说，无论如何都是不可割舍的。要是和他人有了摩擦或矛盾，首先要端给对方一杯茶。这不仅是礼貌的体现，也有安慰作用。在家里，伦敦人用茶包泡茶，方便快捷：拿出杯子，把茶包放到里面，倒入热水，再加牛奶。茶包只需泡在水里几分钟，这杯茶就可以喝了。别担心，酒店或者咖啡馆里的下午茶绝对不会这么随便。这里会进行精细的茶艺仪式：沏好新鲜的散装的茶，外加一小壶为第二次沏茶准备的热水以及必不可少的牛奶。除此之外，可口的点心也会一并奉上。

突然出现

"Pop-up!"听上去像平底锅里

书籍/电影

《伦敦西北》（London NW）：扎迪·史密斯（Zadie Smith）2014年的悲喜剧小说，描绘了一个社区的多元文化居民的生活现状。

《神探夏洛克》（Sherlock）：英国广播公司（BBC）出品的电视剧展示了福尔摩斯和华生，这对无可匹敌的搭档破案的现代版本，二人分别由本尼迪克特·康伯巴奇（Benedict Cumberbatch）和马丁·弗瑞曼（Martin Freeman）饰演。

《帕丁顿熊》（Paddington）：英国喜剧电影，讲述了一个暖心的故事。来自秘鲁的熊帕丁顿来到了伦敦，在布朗家居住。大城市的生活给帕丁顿带来了巨大的挑战，也把布朗一家的生活搅得天翻地覆。电影展现了伦敦可爱的市貌，在自然历史博物馆还有一场激动人心的决战。

《BJ单身日记3：好孕来袭》（Bridge Jone's Baby）：带有伦敦幽默特色的浪漫喜剧电影（2016年），讲述了笨拙可爱的布里切特·琼斯的乱糟糟的爱情生活。周旋在两个男人——马克·达西和杰克·科文特之间的她需要弄清楚一个问题：谁是孩子的爸爸？

伦敦

的热爆米花的声音,但在伦敦有另一层含义。就像玉米不知何时会变成爆米花一样,在城市里不知何时会新开一家商店。酒吧在限定的时间之内打开他们露台上的大门,营造特定的季节氛围,如冬季的森林景观或者夏天的花园,他们相当用心地准备餐食和饮料。一个旧海运集装箱为一位年轻设计师提供了暂时住所,让他可以向人们展示他的新创意。也有成片的集装箱村,夏季的时候,这里有创意十足的食物和好喝的鸡尾酒,还有试运营的花园,也出售有特色的衬衫。睁开您的眼睛,好好感受吧!

@ www.londonpopups.com @ www.popbrixton.org @ www.boxpark.co.uk

车轮上的美食

不知为何,"车轮上的美食(Meals on wheels)"用英语表达听起来更加吸引人。懒得做饭的退休人员在家里就可以吃到送来的饭菜。而针对伦敦年轻人的饮食服务则有很大的不同,不是配送餐食,而是自取服务——他们可以去街边品尝各类美味的小吃。售卖各种样式食物的流动餐车上有用心制作的新鲜健康的多种甜食,尤其常见的是各种装在碟子或者盒子里的食品。泰国的、非洲的、意大利的、西班牙的、韩国的和德国的等,您在街头可以尝试各种各样的食品。请您一定要吃一次流动餐车上或者路边摊的食品!这些餐车挤满了从克拉珀姆到卡姆登,从诺丁汉(Nottingham)到贝思纳尔格林(Bethnal Green)的市场,供应富有创意的食物。祝您用餐愉快!

@ londonstreetfoodie.co.uk

流动快餐:快餐车供应的食品富有本地特色而且多种多样

伦敦面孔

在吃早午餐的时候唱歌

虽然历史上没有证据可以证明英国人发明了早午餐,但至少在介于早餐和午餐之间的时间用餐的概念最早是在英语中出现的。早午餐深受伦敦人喜爱,尤其是不限量供应(bottomless)的早午餐,这听起来有伤风化,因为英国人用"bottom"指代屁股。这指的是类似于供应酒精饮料的"欢乐时光"的一种用餐形式:人们为起泡葡萄酒或者鸡尾酒付固定的钱,在接下来的1~2小时内,可以尽情地无限量地喝酒。之后还没有完全喝醉的人,可以点早午餐。喜欢唱歌的客人接下来会去吃"嘻哈早午餐"。人们血液里有如此多的酒精,使得登台在所有客人面前唱卡拉OK这件事变得容易。@ www.hiphopbrunchldn.com

一直在视野内

这座城市高楼大厦的排布会令旅行者感到惊奇:就像按照计划排好的一样。第一眼看上去却并不会发现这样的排布,要再细细观察才能发现,尤其是当登上伦敦附近的山时,例如樱草花山(Primrose Hill)或者汉普斯特德郊野公园(Hampstead Heath)。在小山上,人们有绝佳的视野,可以看到城市的圣保罗大教堂和威斯敏斯特大教堂。然后,城市规划的谜底就解开了:神圣的教堂不能被遮挡。根据这个原则,人们建立了一个视线轴模型,其中列出了不同的通道和十字路口,在这些地方,不允许建造新的高楼。东南方向也是这样,从亨利高地(Henry's Mound)到里士满(Richmond),大教堂必须能被看到。这样,在高楼大厦组成的"篱笆"上就出现了一个缺口,天气好的时候,人们可以在16千米之外凭肉眼或者使用望远镜看到教堂。

射门!

据估计,第一场足球比赛早在中世纪就已举办。1857年第一个俱乐部的建立被记录在册,之后不久,足球协会(Football Association)建立。伦敦最大的三家俱乐部——阿森纳、切尔西和托特纳姆不仅在草坪上把球踢来踢去,不停地在国际各个俱乐部间交易他们的球员,这主要是为了经济利益。就像球衣在比赛后迅速被换下一样,教练员的位置也在不断地更换。除了阿森纳俱乐部,这种情况几乎发生在其他所有球队。这家俱乐部超过20年聘用同一位教练——阿尔塞纳·温格(Arsène Wenger)。这位法国人不仅是优秀的教练,也是聪明的伯乐,对俱乐部的资金特别节省。阿森纳的球迷喜欢并且信任他,他们有一个口号:"温格知道该怎么办!"

景 点

从这里出发

特拉法尔加广场（折页 J-K6）：对首次来到伦敦的人来说，这里是理想的出发地。地铁和火车站离查灵克罗斯路（Charing Cross）[北线（Northern Line）、贝克鲁线（Bakerloo Line）] 只有100米，而且有许多公交车穿过这个广场。沿白厅（Whitehall）方向向下走，能在十分钟之内到达英国国会大厦、大本钟、伦敦眼（London Eye）和吸引人的泰晤士河畔。穿过圣詹姆斯公园（St. Jame's Park）马上就能到达白金汉宫，艺术爱好者可以参观国家美术馆（National Gallery），圣马丁教堂（St. Martin in the Field）则吸引着音乐爱好者。

对游客来说，伦敦的魅力太大了。请您不要一下子把所有景点都看完，您一定会再来的！

这座城市数不胜数的纪念碑可以免费参观。收取门票的景点，票价一般都很高。乘坐当地的红色●双层巴士，人们可以走两条经典线路（9线和15线）来探索这座城市。乘坐11路、23路、24路、38路、205路和390路公交车，人们可以发现这座大都市里更多的美景。运气好的话，您还可能买到由海泽维克（Heatherwick）新设计的双层巴士的票。泰晤士河上的船只为游客提供绝佳的全景视角，并且连接着许多景点。

乘坐无人驾驶的全自动港区轻轨

上图：伦敦塔桥

> 引人入胜的建筑，历史的见证者，郁郁葱葱的绿洲和有名的博物馆。

（Docklands Light Railway）是到达伦敦东区的一种快速并且充满未来感的方式（@ www.dlr.co.uk）。原始伦敦旅行团（Original London Walks）提供不错的城市导览（¥ 10英镑 ☏ 020 76 24 39 78 @ www.walks.com）。伦敦有世界上最重要的艺术收藏品。大英帝国的历史和扩张，维多利亚时代的收藏热使伦敦博物馆（London Museum）呈现出独特的气象。英国人很愿意去博物馆，可能是因为博物馆的设计让它不只具有严肃的教育功能，也给人们许多互动的机会。大部分博物馆不要门票，但是参观特别展出、在博物馆咖啡店消费和在礼品店买纪念品可能会很贵。

泰特现代美术馆（Tate Modern）在周末延长开放时间，其他博物馆则分别在不同的工作日延长开放时间。@ www.culture24.org.uk 为您提供开放时间和特别展览的信息，@ www.allinlondon.co.uk 列出每日最

伦敦

城市街区概览

地图展示了伦敦的城区划分。后面有每个城区更加细致的地图,地图上用数字标注着本书推荐的景点。

新的展览。泰特不列颠美术馆(Tate Britain)和泰特现代美术馆开放期间,**泰特船**(Tate Boat,持游客卡买票 ¥ 单程5英镑 ☏ 020 78 87 88 88)提供摆渡服务,这是由达米恩·赫斯特(Damien Hirst)设计的彩色波点的双体船,每40分钟往返于两个博物馆之间一次。

肯辛顿、骑士桥和切尔西

(Kensington, Knightsbridge and Chelsea)这个城区以美丽的绿化、贵气的商店和文化殿堂著称。位于泰晤士河西岸的切尔西,只有少数的观光点,却是20世纪60年代"摇摆伦敦"和70年代"朋克运动"的中心。切尔西是伦敦最适合居住的地方,如今却有些过分浮华,人们追求享乐,与不愿受拘束的波西米亚主义者的梦想已经背道而驰。

足球迷都知道,切尔西足球俱乐部是英超联赛最有钱的俱乐部之一。老板罗曼·阿布拉莫维奇(Roman Abramovich)和其他有钱人把它建在离金斯路(King's Road)的购物中心、骑士桥的哈罗德(Harrods)商场和肯辛顿大街(Kensington High Street)的哈维·尼克斯百货(Harvey

景点

Nichols)不远的地方。在20世纪80年代时,这块斯隆广场(Sloane Square)周边的区域以戴安娜王妃和其他年轻富有的时髦小姐著称。2008年,萨奇美术馆(Saatchi Gallery)搬到了这里,给这个区域注入了新鲜空气。在南肯辛顿拥挤的空间内有许多家博物馆,附近有许多小商店、糕点店,还有伦敦法国学校和歌德学院。海德公园和肯辛顿公园(Kensington Gardens)的大片绿地吸引着散步、玩滑板和喜欢躺在躺椅上休息的人。

1 艾伯特纪念碑(Albert Memorial)(折页D7-8)

维多利亚女王的丈夫42岁时去世。这座哥特复兴式的纪念碑(1876年)由乔治·吉尔伯·史考特(George Gilbert Scott)建成,主要材质为大理石、马赛克玻璃和宝石。这位建筑师还设计了红色的电话亭。这座镀金的雕塑展现了艾伯特于1851年的万国工业博览会上翻目录的情景,在他脚边的装饰带上刻着科学、艺术史上重要的人物。导览(45分钟):🏠肯辛顿公园 🕐 3月—12月1日每周日14:00,15:00 ¥ 8英镑 @ www.royalparks.org.uk 🚇 Lancaster Gate地铁站

2 切尔西药材园(Chelsea Physic Garden)(折页F11)

这座公园于1673年为医药学的

必游景点

★ 白金汉宫
女王的寝宫及办公地。→P.36

★ 大英博物馆
全国最受欢迎的博物馆。→P.44

★ 伦敦眼
俯瞰整个伦敦。→P.55

★ 国会大厦和大本钟
英国的政治中心。→P.38

★ 国家美术馆
特拉法尔加广场上充满名家作品的美术馆。→P.46

★ 泰特现代美术馆
壮观框架里的现代艺术。→P.59

★ 伦敦博物馆
城市的历史以现代化的方式再现。→P.52

★ 杜莎夫人蜡像馆
栩栩如生的名人蜡像。→P.62

★ 伦敦塔桥
伦敦的可通行的标志建筑。→P.59

★ 泰特不列颠美术馆
展现了英国500年的艺术。→P.40

★ 圣保罗大教堂
壮观雄伟的教堂。→P.53

★ 格林尼治
保留着英国的航海历史记录。→P.60

★ 威斯敏斯特教堂
新拜占庭风格的教堂。→P.40

★ 伦敦塔
真正的国宝。→P.53

★ 英国皇家植物园
世界著名植物园之一。→P.61

伦敦

学生建立，是伦敦最隐蔽的花园。这里栽培着世界各地的药用植物。有一座种植岩生植物、有假山的花园和一片历史悠久的教学园区。🏠 66 Royal Hospital Road 🕐 4—10月周二到周五11:00—18:00，周日11:00—18:00 ¥ 9.9英镑，免费导览 @ www.chelseaphysicgarden.co.uk 🚇 地铁环城线（Circle Line）、区域线（District）：Sloane Square站

3 夏纳步道（Cheyne Walk）（折页 D-E11）

请您沿着17—18世纪泰晤士河岸边的名人住所散步。托马斯·莫尔爵士（Sir Thomas More）、财政大臣海里因希八世（Heinrichs Ⅷ）、画家和诗人但丁·加布里尔·罗赛蒂（Dante Gabriel Rossetti）、足球运动员乔治·贝斯特（George Best）和歌手米克·贾格尔（Mick Jagger）都曾在这里居住。@ www.rbkc.gov.uk 🚇 地铁环城线、区域线：Sloane Square站

4 海德公园（Hyde Park）●（折页 E-F 6-7）

这是伦敦最大最著名的公园。骑马道（Rotten Row）上，上流人士在骑马。自1872年，每个人都可以在演说者之角（折页 F6）[Speakers' Corner 🚇 中央线（Central Line）：Marble Arch站]发表观点。整个英国，只有这个地方举办的游行不需要经过警察批准，因此这里会举行各种各样的集会。在蛇形桥（Serpentine Bridge）旁有戴安娜王妃纪念喷泉（折页 E7），优雅的花岗岩围成环形。🚇 皮卡迪利线：Hyde Park Corner站；中央线：Marble Arch站、Lancaster Gate站、Queensway站

5 肯辛顿宫（Kensington Palace）（折页 C7）

这是戴安娜王妃和查尔斯王子离婚后的住所，现在是哈里王子、威廉王子和凯特王妃的住所。这儿有关于维多利亚女王服装的展览，这些服装有些属于戴安娜王妃。**省城锦囊 内部的宫殿咖啡区可以免费参观**。

海德公园：伦敦的绿肺之一

景点

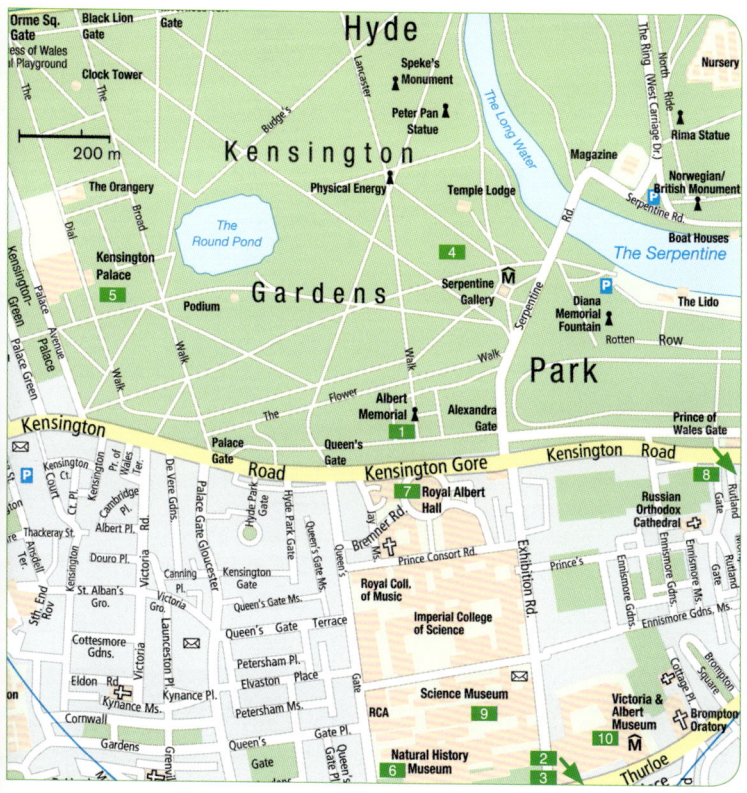

肯辛顿、骑士桥和切尔西的景点

1. 艾伯特纪念碑
2. 切尔西药材园
3. 夏纳步道
4. 海德公园
5. 肯辛顿宫
6. 自然史博物馆
7. 皇家艾伯特大厅
8. 萨奇美术馆
9. 科学博物馆
10. 维多利亚—艾伯特博物馆

🕐 3—10月每天10:00—18:00，11月至次年2月到10:00—16:00 💷 16.5英镑 @ www.hrp.org.uk 🚇 地铁环城线、区域线：High Street Kensington站

6 自然史博物馆（Natural History Museum）（折页D9）

淡蓝色和粉红色的陶土镶边和有花纹装饰的动植物雕塑，将这座哥特复兴式的博物馆装点成了伦敦最漂亮的博物馆。正中心是26米长的恐龙骨架，位于欣茨厅（Hintz Hall）。自然史博物馆的设计理念是：自然科学并不无聊。多亏了现代高科技，仿真的暴龙模型才可以动！在地球美术馆（Earth Galleries），人们可以看到

33

伦敦

一场地震模拟——1995年日本神户的地震。自然印象美术馆（Images of Nature Gallery）里的照片和油画以及关于进化的交互影片令人印象深刻。达尔文中心（Darwin Centre）位于边楼，在玻璃容器里展出稀有的动物品种，包括畸形和稀奇古怪的变种。"精神收集之旅"（Spirit Collection Tour）讲述了巨大的墨鱼"阿奇"的故事，它有8.5米长！在每月最后一个周五晚上18:00—22:00，博物馆为派对爱好者准备了食物和饮料！入场免费，但是某些特别的活动需要付费（15英镑起）。您想在这儿过夜吗？在某些日子里，在 恐龙鼾声（Dino Snores）这里可以留宿。
🏠 Cromwell Road 🕙 每天10:00—17:50 ¥ 入场免费 @ www.nhm.ac.uk 🚇 地铁环城线、区域线：South Kensington站

7 皇家艾伯特大厅（Royal Albert Hall）（折页D8）

这个著名的砖红色的圆形音乐厅于1871年开放，现在有许多精彩的演出。在不同的日期有不同的主题导览，也出售香槟和下午茶（一定要在网上提前预订）。🏠 Kensington Gore ¥ 12.75英镑 @ www.royalalberthall.com 🚇 地铁环城线、区域线：South Kensington站

8 萨奇美术馆（Soatchi Gallery）（折页F9—10）

广告大亨查尔斯·萨奇（Charles Saatchi）很久以前就是最重要的新英国艺术引导者之一，如今也在全球展出自己的现代艺术作品——绘画和装潢。🏠 Duke of York's Headquarters King's Road, Sloane Square 🕙 每天10:00—18:00 ¥ 入场免费 @ www.

自然史博物馆里的恐龙骨架

saatchi-gallery.co.uk 🚇 地铁环城线、区域线：Sloane Square站

9 科学博物馆（Science Museum）（折页D8）

第一台蒸汽机车"普芬比利"（Puffing Billy，1813年）巨大的轮子能驱动1 700台织布机。这里还有阿波罗登月舱的复制品，在这里，科学的进步被生动地呈现。想要亲身参与的人，请登上飞行模拟器（¥6英镑）！在3D电影院，人们坐着阿波罗飞船"嗖"地飞向月球，或者潜到海底（¥每个项目5～6英镑）。"我是谁？当我老了，看起来是什么样子呢？如果我是另一个性别，我的声音听起来是什么样的呢？"——实验"我是谁"的项目值得参加。可以在"家中的秘密生活（Secret Life of the Home）"厅里玩第一个家庭视频游戏"乒乓"。喜欢听老钟"嘀嗒"声的人会惊奇于有400年历史的古老钟表和钟表博物馆里超过1 000个精密的计时器。🏠 Exibition Road 🕐 每天10:00—19:00 ¥入场免费 @ www.sciencemuseum.org.uk 🚇 地铁环城线、区域线：South Kensington站

10 维多利亚—艾伯特博物馆（Victoria & Albert Museum）●（折页D-E 8-9）

参观这座博物馆需要几周的时间，因为里面收藏了所有有关维多利亚女王和艾伯特王子的艺术品：雕塑、陶瓷、衣服、家具、玻璃制品、银器以及欧洲、美洲和亚洲的宗教艺术品。在这里您将会看到由莫里斯（W. Morris）和马可托施（C. R. Mackintosh）发起的工艺美术运动和运动中完整的室内装潢和艺术品，还有詹姆斯二世（James II.，17世纪）的结婚礼服。24米高的铸铁庭苑（Cast Courts）展示大型的名作复制品，如米开朗琪罗的大卫。还有些实时的展览作为常设展览的补充。博物馆里的咖啡厅、玻璃窗充满艺术设计感，柱子也装饰得很精美。🏠 Cromwell Road, Exhibition Road 🕐 每天10:00—17:45，周五部分展览开到22:00，每天10:30、12:30、13:30、15:30免费导览 ¥入场免费 @ www.vam.ac.uk 🚇 地铁环城线、区域线：South Kensington站

威斯敏斯特、圣詹姆斯和梅费尔

（Westminster, St. Jame's and Mayfair）**在这个城区您可以看到明信片上的风光，这里有保守的上层社会人士和刻板印象里的伦敦人。**

在威斯敏斯特这个伦敦西部的核心区，集中着英国权力和精神的殿堂：议会、宫殿和教堂。高贵的圣詹姆斯绅士俱乐部（St. Jame's Gentleman Club）对平民来说是无法接近的。这个俱乐部是伦敦上流社会的重要活动场域，也是从某些高中和大学毕业的校友保持社交联系的地方。在木质的房间里，主导者坐在皮质椅子上，烟斗喷出烟雾，这一景象从2007年开始就已经成为过去了——就算是在私人俱乐部，也得遵

伦敦

守禁烟令！在奥森绿色公园（Oasen Green Park）和圣詹姆斯公园里，您可以好好放松一下。租一把躺椅，深呼吸吧！梅费尔是伦敦房价最贵的地段，具有垄断性的特点，因此，麦当娜在这里买了很多房子并不是巧合。一些有钱的年轻人、经济状况良好的经理和王子都来这里租住别墅并用来办公，这个区域的年轻化使其慢慢演变成了一个聚会区。这里还有许多使馆、时髦的酒店、夜店和高档购物街，这些购物街不想和北边邻近的平民购物街——牛津街（Oxford Street）有任何瓜葛。

1 国宴厅（Banqueting House）（折页 K7）

建成于1622年，由伊尼哥·琼斯（Inigo Jone）设计的古典主义建筑——白厅在1698年失火烧毁之前，最后一位统治斯图亚特王朝的国王——被砍头的查理一世（Charles Ⅰ）还委任画家彼得·保罗·鲁本斯（Peter Paul Rubens）在穹顶上绘制了一层油画。这些油画用多种象征方式歌颂了他父亲詹姆斯一世的统治。🏠 白厅 🕐 每天10:00—17:00 ¥ 6英镑，16岁以下参观者免费 @ www.hrp.org.uk 🚇 地铁环城线、区域线：Westminster站

2 白金汉宫（Buckingham Palace）★（折页 H8）

人们可以从这个古典主义的建筑屋顶上飘扬的红、金、蓝三色的国旗认出，这是女王伊丽莎白二世（Elizabeth Ⅱ）的家。当然，一般人并不会收到和女王一同喝茶的邀请。只有在八九月，女王和其他皇室成员在苏格兰避暑度假的时候，人们才可以参观这里700个房间中的一部分（¥ 21.5英镑，含导览器，约2~2.5小时 @ www.royalcollection.org.uk）。在常年开放的、展示皇家收藏的大师作品的女王美术馆（Queen's Gallery 🕐 每天10:00—17:30 ¥ 10.3英镑）里，人们也基本碰不到女王。在皇家马厩（折页 H8）（Royal Mews 🕐 2—3月和11月周一到周六10:00—16:00，4—10月每天

国旗飘扬彰显爱国精神的白金汉宫入口：伦敦林荫路

景点

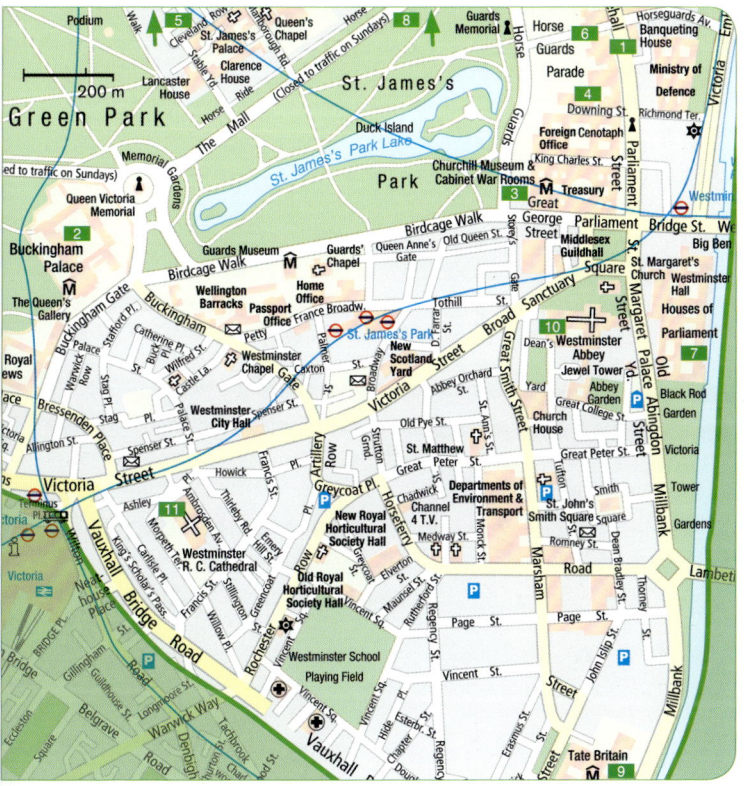

在威斯敏斯特、圣詹姆斯和梅费尔的景点

1. 国宴厅
2. 白金汉宫
3. 丘吉尔作战室
4. 唐宁街
5. 韩德尔和亨德里克斯故居
6. 皇家骑兵护卫队大楼
7. 国会大厦和大本钟
8. 萨维尔街
9. 泰特不列颠美术馆
10. 威斯敏斯特教堂
11. 威斯敏斯特大教堂

10:00—17:00　¥ 9.3英镑，含导览器）里碰到女王的概率反而更高些，因为女王是一位爱马人士。喜欢老物件的人在这里会很开心，因为 当地推荐 皇家老爷车会被展出。除此之外还会展出许多马车，镀金的豪华专用马车重达4吨，只在重大的场合才会被驶出车库。在宫殿门前有维多利亚女王纪念碑（Victoria Memorial），她是现任女王的曾曾祖母。维多利亚女王在1837年把这座宫殿变成了现在的皇室府邸。声势浩大的 ● 换岗（🕐 5—7月每天11:00，8月至次年3月每两天举行一次，下雨天除外 @ www.changing-guard.com）也是在这儿进行的。一队女王的贴身卫兵踏着军乐从惠灵顿

伦敦

军营（Wellington Barracks）走到白金汉宫。🚇 地铁维多利亚线（Victoria Line）：Green Park站

3 丘吉尔作战室（Churchill War Rooms）（折页J7）

地图室、防毒面具、讲话用的麦克风——在第二次世界大战时温斯顿·丘吉尔（Winston Churchill）的地下指挥中心，时间停留在1945年8月16日那一天。请您跟随着这位伟人的生命轨迹领略一下他的辉煌。他在1940—1945年间同时担任英国首相和国防部长。🏠 King Charles Street 🕐 每天9:30—18:00 ¥ 17.25英镑（含导览器），19英镑（含捐赠）@ www.iwm.org.uk/visits/churchill-war-rooms 🚇 地铁环城线、区域线：St. Jame's Park站

4 唐宁街（Downing Street）（折页J-K7）

白厅边这条封闭的小巷，自1735年以来，居住着英国的首相。比首相在任更长久的是公猫拉里（Larry），它是"捕鼠高手"，自2011年开始，它就在尽力消灭这里的鼠害。唐宁街11号居住着财政大臣。@ www.number10.gov.uk 🚇 地铁环城线、区域线：Westminster站

5 韩德尔和亨德里克斯故居（Handle & Hendrix House）（折页G6）

吉米·亨德里克斯（Jimi Hendrix）在这儿遇见了他的邻居乔治·弗里德里希·韩德尔（George Frideric Handle）？差不多是这样，只不过是在200年之后。这两位都是各自时代鼎鼎有名的音乐家，而且住在布鲁克街（Brook Street）相邻的两栋房子里。韩德尔在这里写下了著名的曲目，如《弥赛亚》和《皇家烟火音乐》。这里展出了与他有关的信件、笔记和油画。亨德里克斯在1966—1967年，也就是"伦敦摇摆"的20世纪60年代中期，凭借Hey Joe和Purple Haze一举成名。就像他生活的那个年代一样，他的房间也是色彩斑斓的。这里会定时举办当地锦囊▶音乐会（18:00起 ¥ 5英镑起）。🏠 25 Brook Street 🕐 周一到周六11:00—18:00，周日12:00—18:00 ¥ 10英镑，可网上预订 @ handelhendrix.org 🚇 地铁环城线、区域线：Bond Street站

6 皇家骑兵护卫队大楼（Horse Guards Building）（折页K7）

在大院前面长相对称的这个建筑是那些面无表情的皇家骑士的驻地。当这些卫兵带着闪光的头盔，骑着骏马执行传统的换岗任务时（🕐 周一到周六11:00，周日10:00），道路两旁会有许多观众。只有皇室成员才能开车从拱形的大门进入。皇家骑兵团博物馆（Household Cavalry Museum @ www.householdcavalrymuseum.co.uk）非常值得一看，讲述了骑兵团的历史。博物馆和马匹之间仅隔有一层玻璃！🏠 Whitehall 🚇 Charing Cross站

7 国会大厦和大本钟（Houses of Parliament & Big Ben）★（折页K8）

英国国会大厦被称为世界上"所有议会之母"，人们早已从无数明信片、茶杯垫和冰箱贴上认识了这个地方。这座维多利亚末期的哥特复兴式

景点

大本钟和国会大厦

建筑是查尔斯·巴里(Charles Barry)的光辉之作,有着金色的塔楼,哥特式尖顶和精细的工艺,吸引着人们的目光。中世纪的威斯敏斯特宫(Palace of Westminster)里壮观的威斯敏斯特大厅(Westminster Hall)建于1099年,现在只剩下橡木的屋顶。钟楼在伊丽莎白女王加冕60周年的时候更名为伊丽莎白塔(Elizabeth Tower),是伦敦的地标。举世闻名的13吨重的大本钟从1859年起,每小时都会敲响。作为立法机构的下议院(House of Commons)和上议院(House of Lords)经常在这里争辩,这会延缓立法的进程。上议院里有90位世袭勋爵,上议院的改革对于英国政治改革一直是一块难啃的硬骨头。人们能够在下议院看到辩论有多么激烈(🕐 周一14:30—22:30,周二、周三11:30—19:30,周四9:30—17:30,有时周五9:30—15:00也会开放)。当地锦囊 在周六,人们可以参观上议院和下议院壮观的大厅。🕐 9:15—16:30 ¥ 18.5英镑,含语音导览,持续60~75分钟 ☎ 020 72 19 41 14 @ www.parliament.uk 🚇 地铁环城线、区域线:Westminster站

8 萨维尔街(Savile Row)(折页H6)

这条支路从19世纪中期以来就是伦敦最高级的为男士裁剪服装的地方。在20世纪60年代,萨维尔街有了新的业务,为在这条街3号苹果唱片工作室(Apple Records Studio)录音的米克·贾格尔和披头士乐队(The Beatles)制作服装。如今,制作富有质感且剪裁得体的西装最有名的地方是克里福德街(Clifford Street)角落的奥兹瓦尔德博阿滕(Ozwald Boateng)。@ www.savilerowbespoke.com 🚇 Oxford Circus站

伦敦

9 泰特不列颠美术馆（Tate Britain）★（折页 J-K9）

亨利·泰特爵士在19世纪靠着精制糖获得了财富，但他最爱的却是艺术。他把自己的收藏品捐给了国家美术馆，并出资助展出这些藏品的博物馆。这座新古典主义风格的被列入文物保护的建筑收藏着英国从16世纪到如今的艺术品：如威廉·荷加斯（William Hogarth）的道德叙事油画，威廉·布莱克（William Blake）的诗意宗教画，托马斯·康斯博罗（Thomas Gainsborough）和约翰·康斯太勃尔（John Constable）的田园牧歌风景画，还有拉斐尔前派自然神秘主义和女性神秘主义的画作以及亨利·摩尔（Henry Moore）拟人的雕塑。请不要错过克洛尔画廊（Clore Gallery）的透纳学派的作品。威廉·透纳（Joseph Mallard William Turner，1775—1851）是光影透视的大师。从10月到次年1月初，泰特不列颠美术馆会展出4位艺术家的作品，他们最有希望获得12月颁发的透纳奖。🕘 每天10:00—18:00，每天11:00、12:00、14:00有免费讲解，每个双数月的第一个周五18:00—22:00有娱乐活动 🏠 Mill Bank @ www.tate.org.uk 🚇 地铁维多利亚线：Pimlico站

10 威斯敏斯特教堂（Westminster Abbey）★（折页 K8）

这是皇家举行加冕礼以及埋葬上层人士的小教堂。忏悔者爱德华在1066年下令在此建造一座教堂并在它建成一周后去世。爱德华的接班人——征服者威廉（William the Conqueror）在1066年的圣诞节受了加冕礼。最原始的建筑现在只剩下地下室了。后来建成的哥特式的教堂中

在威斯敏斯特教堂前休息，这里是皇家举行加冕礼的地方

殿（13世纪）里有超过600个墓碑。16世纪早期的亨利七世祈祷室装点有华丽的垂直风格的扇形拱顶。3 300位英国贵族埋葬在这里，如伊萨克·牛顿（Isaac Newton）和查尔斯·达尔文（Charles Darwin）这些科学家，亨利·浦塞尔（Henry Purcell）和乔治·弗里德里希·韩德尔这些作曲家，小威廉·皮特（William Pitt）和威廉·格莱斯顿（W. E. Gladstone）这些政治家。在诗人角（Poets' Corner），您可以找到《坎特伯雷故事集》（Canterbury Tales）的作者杰弗雷·乔叟（Geoffrey Chaucer，1343—1400）和查尔斯·狄更斯（Charles Dickens，1812—1870）的坟墓。纪念板上还写着许多其他人的名字。戏剧家本·琼森（Ben Jonson）在1637年为了节省费用，保持站立的姿势被埋葬！请您注意主入口处1945年被谋杀的德国神学家迪特里希·朋霍费尔（Dietrich Bonhoeffer）的纪念雕像。这里的两座塔楼是1745年由克里斯托弗·雷恩（Christopher Wrens）的学生尼古拉斯·霍克斯穆尔（Nichdas Hawksmoor，1661—1736）加盖的。1953年，超过8 000名民众现场观看了伊丽莎白二世女王的加冕礼，2011年，全世界有超过25亿人在电视机前收看了威廉王子和凯特王妃的婚礼。请您早点来，您也可以在工作日参加 ● 当地特色 晚祷（17:00，周六日15:00 ￥入场免费）。🏠 20 Dean's Yard 🕐 周一、周二、周四、周五9:30—15:30，周三到18:00，周六到13:30，周日只有晚祷 ￥ 20英镑，含导览器（导览也可以下载下来），导游导览花费5英镑，需要提前预约 📞 020 72 22 51 52 @ www.westminster-abbey.org 🚇 地铁环城线、区域线：Westminster站

11 威斯敏斯特大教堂（Westminster Cathedral）（折页 H9）

　　壮观的新拜占庭风格的教堂，带钟楼，有砖红色和白色镶边。1895年开始建造的这座罗马天主教教堂随着时间推移，逐渐建造完整，如今这里的砖上覆盖着大理石和马赛克瓷砖。请您注意教堂北边侧厅的圣灵祈祷室（Holy Souls），这里使用了超过100种大理石。埃里克·吉尔（Eric Gill，1918年）的作品浅浮雕耶稣受难图也同样值得一看。直梯（🕐 周一到周五9:30—17:00，周六、周日到18:00 ￥ 6英镑可以将您带上 ⛰ 观景平台。🏠 42 Francis Street 🕐 周一到周五7:00—17:30，周六、周日8:00—18:00 @ www.westminstercathedral.org.uk 🚇 Victoria站

布卢姆斯伯里、科文特花园和索霍

　　（Bloomsbury, Covent Garden and Soho）**作为位于权力中心威斯敏斯特和城市的造钱机器之间的区域，科文特花园和索霍是为购物和娱乐而准备的。在这里，国际化的伦敦西区有剧院、音乐活动、最大的电影院、名牌专卖店和许多自营的商店。**

　　"索霍"这个名字来自一句狩猎

伦敦

时的行话。索霍是著名的夜生活区，尤其是在老康普顿街（Old Compton Street）——同性恋者聚集的地方。请您坐一辆人力车随性出发，沿着俪人街（Lisle Street）和杰拉德街（Gerhard Street）发现商店、餐馆和唐人街上寺庙形建筑的拱门。伦敦创意产业的心脏在索霍跳动：穿着时髦的电影制作人，广告行业从事者和设计顾问在小咖啡桌旁谈论着草稿和拍摄日程，他们身边常常有充满希望和梦想的表演系学生。

喜欢文学的人可以在北边相连的布卢姆斯伯里散步，街道两旁都是蓝色的纪念牌，纪念曾经生活在这里的杰出居住者，还有绿色的广场和漂亮的乔治亚式建筑。这里的罗素广场（Russell Square）是伦敦最大的广场。请您注意看广场的西端，那里有绿色的维多利亚时期的出租车司机小吃摊，这是向出租车司机售卖便宜的茶水和三明治的车夫休息室，是受保护的文物。如果友善地问询的话，这里也出售零食给游客。在两次世界大战之间，这个区域出现了以弗吉尼亚·伍尔夫（Virginia Woolf）为中心的布卢姆斯伯里团体（Bloomsbury Group）、文化的殿堂大英博物馆（British Museum），旁边有老旧的书店和伦敦大学（University of London）。这个区域北边就是金斯克罗斯站（King's Cross Station），在过去这些年，这个车站多次被改建和翻修。

1 诸圣教堂（All Saints）（折页 H5）

在佛光山寺（Fo Guang Shan Temple）斜对面，您可以找到与之不同的宗教建筑：这是伦敦室内装潢最夸张的教堂。几何形状的镶嵌细工、彩色的瓷砖、装饰繁复的柱子和香火云是英国天主教高教会派风格的体现。🏠 7 Margaret Street 🕐 每天7:30—

壮观的加顶棚的场地：大英博物馆的内庭

景点

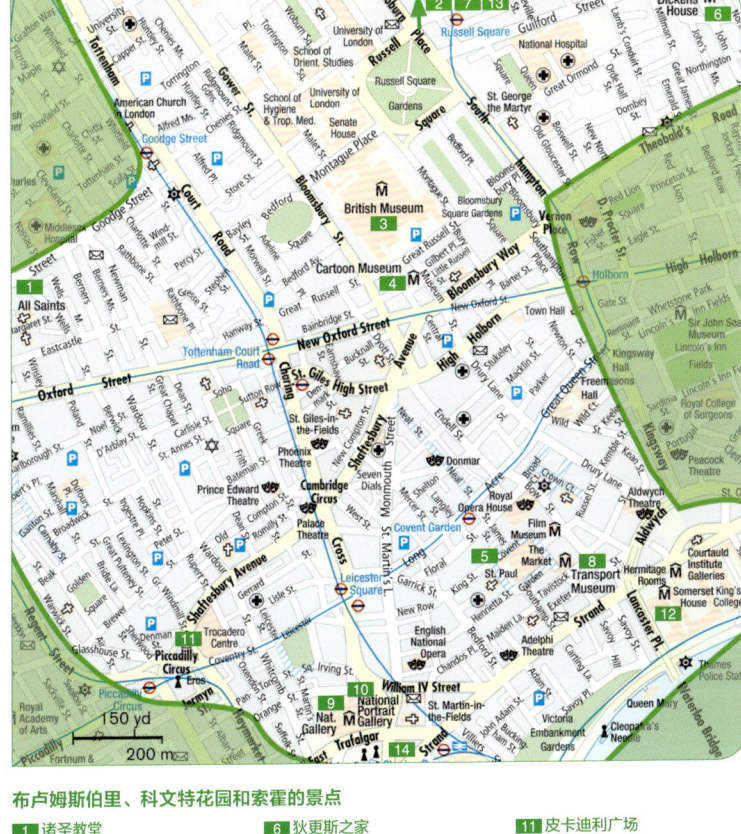

布卢姆斯伯里、科文特花园和索霍的景点

1 诸圣教堂
2 不列颠图书馆
3 大英博物馆
4 卡通博物馆
5 科文特花园广场
6 狄更斯之家
7 金斯克罗斯站
8 伦敦交通博物馆
9 国家美术馆
10 国家肖像美术馆
11 皮卡迪利广场
12 萨默赛特宫
13 圣潘克勒斯火车站
14 特拉法尔加广场

19:00 @ www.allsaintsmargaretstreet.org.uk 🚇 地铁贝克鲁线、中央线、维多利亚线：Oxford Circus站

2 不列颠图书馆（British Library）
（折页 J-K 2-3）

这里是书虫的天堂：这座英国国家图书馆藏有在英国出版的几乎所有书的样本。这里有超过1.7亿本书，从1997年到现在，它变得越来越拥挤，因此备受争议。约翰·利特布莱特爵士展厅（Sir John Ritblat Gallery）对公众免费开放，这里藏有《林迪斯法恩福音书》（Lindisfarne Gospels，8世

伦敦

纪），1215年的《大宪章》（Magna Carta）和披头士乐队的歌曲手稿。🏠 96 Euston Road 🕐 周一、周五9:30—18:00，周二到周四9:30—20:00，周六9:30—17:00，周日11:00—17:00 @ www.bl.uk 🚇 King's Cross站、St. Pancras站

3 大英博物馆（British Museum）
●★（折页 J-K4）

这座世界闻名的国家博物馆是伦敦最受欢迎的参观地。诺曼·福斯特（Norman Foster）设计的有帐篷式屋顶的大中庭（🕐 周六到周四9:00—18:00，周五9:00—20:30）是这座新古典主义的希腊复兴风格建筑的加分项。这个欧洲最大的有顶棚的内庭包括卡尔·马克思（Karl Marx，1818—1883年）写《资本论》的著名阅览室。您最好把游览范围缩小，只看最精华的东西：萨顿胡（Sutton-Hoo）战船上盎格鲁-撒克逊时期国王雷德沃尔德（Redwald）的墓葬宝贝（7世纪），路易斯棋子（The Lewis Chessmen，12世纪），林多人（Lindow Man）或者埃及的象形文字。埃尔金石雕（Elgin Marble）也是一件备受关注的展品，这是大理石雕像，上面刻有公元前5世纪骑士和佛里斯兰人的形象。埃尔金石雕是由埃尔金伯爵在19世纪初的时候从雅典的帕特农神庙拿到的，用船运回了英国。现在，雅典要求归还这件文物。🏠 Great Russell Street 🕐 周一到周四、周六、周日10:00—17:30，周五10:00—20:30。每天都有"大开眼界"展览（Eye Opener），周二到周五13:15有午间讲座，周五晚上有集中精华导览 💴 入场免费，多媒体导览器5英镑 @ www.britishmuseum.org 🚇 地铁中央线、北线：Tottenham Court Road站

4 卡通博物馆（Cartoon Museum）
（折页 K5）

英国人发明了卡通这种艺术形式，2006年，英国第一家卡通博物馆建立。请您读几页《欢宴》（The Beano），这是一本连环画杂志，许多伦敦人都是看着这本杂志长大的。这里有流动的展览、好玩的明信片。🏠 35 Little Russell Street 🕐 周二到周日10:30—17:30 💴 7英镑 @ www.cartoonmuseum.org 🚇 中央线、北线：Tottenham Court Road站

省钱有道

在伦敦，有很多东西是免费的。网站 @ www.whatsfreeinlondon.co.uk @ www.freetoursbyfoot.comund @ www.londonforfree.net 列出了免费的或者最高花费4英镑的展览、节日、导览、文化活动和免门票日。

一般在网上预订景点的门票会便宜一点，套票也是如此：伦敦眼门票可以和泰晤士河划船一起购买，教堂门票可以和音乐会一起购买。

在夏季的时候会有伦敦免费节（More London Free Festival）的活动，有许多免费的电影、音乐和剧见。@ www.morelondon.com/events/calendar

景点

过去这里售卖蔬菜,现如今,科文特花园是购物闲逛的好去处

5 科文特花园广场(Covent Garden Piazza)(折页 K6)

在周末,这里聚集的游客比伦敦人还要多。这里果蔬市场附近的小街特别适合购物、闲逛和看人来人往。圣保罗大教堂里面有查理·卓别林(Charlie Chaplin)和鲍里斯·卡洛夫(Boris Karloff)的纪念碑。🚇地铁皮卡迪利线:Covent Garden站

6 狄更斯之家(Dickens' House)(折页 L4)

查尔斯·狄更斯在维多利亚时期的畅销书将伦敦的形象在英国之外传播。在这栋房子里,这位小说家写了《雾都孤儿》(Oliver Twist)和《尼古拉斯·尼克贝》(Nicholas Nickleby)。在这里能看到他的信件、手稿和书桌。一年中有很多天都会有导览和特别活动,比如万圣节之夜(¥15英镑,提前预订!)🏠48 Doughty Street ⏰周二到周日10:00—17:00 ¥门票9英镑 @www.dickensmuseum.com 🚇地铁中央线:Chancery Lane站;皮卡迪利线:Russell Square站

7 金斯克罗斯站(King's Cross Station)(折页 K2)

"列车在九又四分之三站台出发!"售票大厅里一半外露,一半隐藏在墙体里的火车使人联想到哈利·波特和霍格沃兹特快列车。这个中央车站的大厅非常壮观,白色钢支柱结成的网支撑着半圆形的玻璃屋顶。在大规模的建筑工程之后,火车站北边粮仓广场(Granary Square)周围弥漫着浓浓的都市生活和学生生活的氛围,许多咖啡馆位于摄政运河边、各式各样的活动在摄政运

伦敦

河边举行。附近还有圣马丁艺术设计学院（St. Martins College of Art & Design）和艺术区国王之地（King's Place @ www.kingsplace.co.uk）。🚇 King's Cross站、St. Pancras站

8 伦敦交通博物馆（London Transport Museum）（折页K6）

您想知道伦敦人在过去的几个世纪采用的是何种交通方式吗？这座博物馆可以回答您的这个问题。这里的展品有马车、第一列地铁以及现代的交通系统。在商店里有有趣的纪念品。🏠 39 Wellington Street ⏰ 周六到次周四10:00—18:00，周五11:00—18:00 ¥ 17英镑（18岁以下免费）@ www.ltmuseum.co.uk 🚇 地铁皮卡迪利线：Covent Garden站

9 国家美术馆（National Gallary）★（折页J6）

1838年，这座位于特拉法尔加广场的高大雄伟的建筑和它的门廊建造完工。这里有1250—1900年世界上最重要的欧洲大师的作品展览。无论如何您都不应错过扬·凡·艾克（Jan Van Eyck）的《阿尔诺菲尼的婚礼》（The Arnolfini Wedding）、约翰·康斯特布尔的《干草车》（The Hay Wain）和拉斐尔（Raffael）的《粉红色的圣母》（Madonna of the Pinks，1507—1508）。在周五的 ▶当地锦囊▶ 悠长博物馆之夜有现场音乐、导览和有趣的演讲。⏰ 周六到次周四10:00—18:00，周五10:00—21:00，每天11:30、14:30有免费导览 ¥ 入场免费 @ www.nationalgallery.org.uk 🚇 地铁贝克鲁线、北线：Charing Cross站

10 国家肖像美术馆（National Portrait Gallery）●（折页J6）

这是近距离观察英国历史的一种有趣的方式：这里收藏着5世纪的肖像画：都铎女王伊丽莎白一世和威廉·莎士比亚（William Shakespeare）最著名的画像，也有当今女王和其他社会名流的画像。🌿 肖像餐厅（Portrait Restaurant）为眺望特拉法尔加广场、白厅和国会大厦提供了绝佳的视角。视听互动的导览器会讲解展览亮点，有短视频和采访，需要付费3英镑。iPhone的应用程序需花费0～3英镑。周五18:30起会开放 ▶当地锦囊▶ 非专业绘图工作室。🏠 2 St. Martin's Place ⏰ 周一到周三，周六、周日10:00—18:00，周四、周五到21:00 ¥ 入场免费 @ www.npg.org.uk 🚇 地铁贝克鲁线、北线：Charing Cross站

11 皮卡迪利广场（Piccadilly Circus）（折页J6）

这是巨大的霓虹灯广告下的传统的、富有生活气息的聚会地点：广场正中是细长的铝制爱神雕像，于1892年建成，为了纪念沙夫茨伯里勋爵（Lord Shaftesbury）的博爱行为。带着箭的天使象征着博爱。🚇 地铁皮卡迪利线、贝克鲁线：Piccadilly Circus站

12 萨默赛特宫（Somerset House）（折页L6）

外观晶莹剔透，令人心旷神怡！人们可以在泰晤士河旁博物馆区内庭的喷泉里冲洗长途跋涉的双脚，冬天，人们可以在这里滑冰。除此之外，夏季的时候这里还有露天电影

景点

和露天音乐会,在各个季节都会有相应的展览和活动。考陶尔德画廊(Courtauld Gallery)为艺术爱好者提供高品质的艺术展(印象画派,20世纪),路堤画廊(Embankment Galleries)有流动展览,从画廊里还可以看到美丽的泰晤士河风光。
🏠 Strand 🕐 每天10:00—18:00 ¥ 7英镑起 @ www.somersethouse.org.uk、courtauld.ac.uk/gallery 🚇 地铁区域线、环城线:Temple站或Embankment站

13 圣潘克勒斯火车站(St. Pancras)(折页 K2)

乔治·吉尔伯·史考特的哥特复兴式的米德兰大酒店(Midland Grand Hotel,1935年关闭,2011年作为圣潘克勒斯火车站复兴项目的一部分重新开放)有美丽的外墙,位于圣潘克勒斯火车站,是一座维多利亚晚期的砖建筑,带有赤陶条带和尖形拱顶,还有塔楼、凸窗和烟囱。在从福克斯通(Folkestone)来的列车离开隧道之后,乘坐"欧洲之星"高速列车到达这里只需30分钟。在著名的火车站大钟下是9米高的亲吻的小夫妻的铜像。周边有许多咖啡馆、时装店和欧洲最长的香槟酒吧:在这儿喝一杯产自英格兰南部的起泡玫瑰葡萄酒怎么样呢? @ www.stpancras.com 🚇 King's Cross站、St. Pancras站

14 特拉法尔加广场(Trafalgar Square)(折页 J-K6)

50米高的纳尔逊纪念柱(Nelson's Column)、狮子喷泉和骑兵塑像是伦敦真正的核心。查尔斯一世的骑兵塑像在广场南部的交通岛上,指向伦敦地理的中心。广场的名字来自在海战中战胜法国和西班牙战舰的舰队,在这次海战中,海军上将纳尔逊英勇牺牲。圣马丁教堂(🕐 周一、周二、周四、周五8:30—13:00、14:00—18:00,周三8:30—13:15、14:00—17:00,周六9:30—18:00,周日15:30—17:00 @ www.stmartin-in-the-fields.org)提供 ● 免费的午餐音乐

受欢迎的聚集地,都市的游乐场:皮卡迪利广场

伦敦

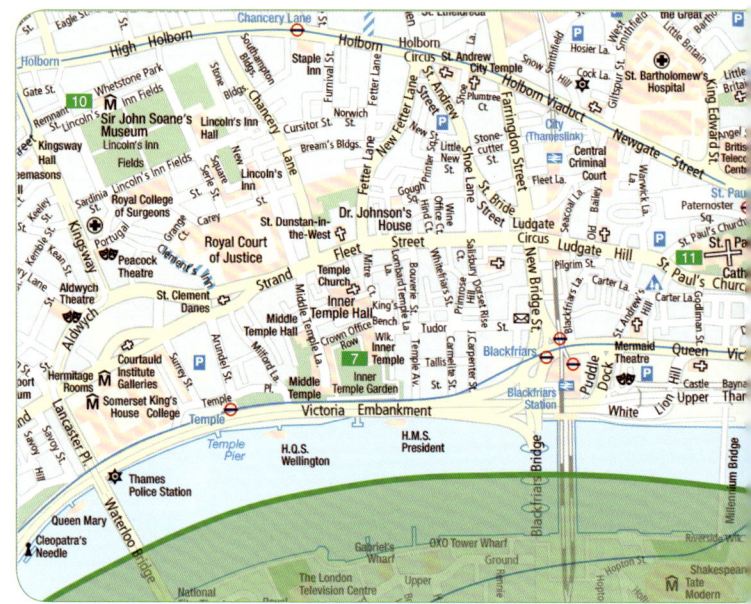

金融城、克勒肯维尔和霍尔本的景点
1. 英格兰银行博物馆
2. 贝维斯马克斯犹太会堂
3. 邦西田园
4. 市政厅
5. 苍鹭大厦
6. 金融城的高楼大厦

会（🕐 周一、周四、周五13:00）。在地下室的咖啡馆有免费的当代艺术展览，周三晚上是 当地精粹▶ 爵士之夜。

🚇 地铁贝克鲁线、北线：Charing Cross站

金融城、克勒肯维尔和霍尔本

（City, Clerkenwell and Holborn）在伦敦的金融城，早在2 000年之前，伦底纽姆作为罗马的前哨城市，已经开始书写属于自己的历史。

现在，世界级和欧洲的金融机构很大一部分位于伦敦金融城。但是，在英国"脱欧"谈判结束以后，伦敦金融中心地位会受到怎样的影响还是个未知数。如果伦敦不再被允许进入欧盟市场，那么金融中心地位也许会不保。2008年爆发金融危机，政府节省开支的计划和操纵基准利率的丑闻都给伦敦金融城带来了巨大的经济和名誉的损失。

在工作日，走在伦敦金融城的街上，您可以感受到商业世界的脉搏。但是在晚上和周末时，伦敦金融城空无一人，会变成"鬼镇"。

在这座城市不断变化的天际线中，有些老教堂的顶部也会显露出

景点

- 7 法学会
- 8 纪念碑
- 9 伦敦博物馆
- 10 约翰·索恩爵士博物馆
- 11 圣保罗大教堂
- 12 伦敦塔
- 13 芬丘奇街20号

来，其中，圣保罗大教堂是这座城市的象征。圣保罗大教堂的建筑师雷恩爵士给伦敦金融城盖上了属于他自己的印章。在1666年的大火之后，他设计了超过50座城市教堂，如圣史蒂芬沃尔布鲁克教堂（St. Stephen Walbrook）和圣玛丽波教堂，教堂重建之时就是伦敦的再生之时。近年来，艺术家和金融工作人员多在金融城东侧寻找便宜的住房和工作室。金融城的西边也是一样，过去的印刷和珠宝首饰行业聚集的克勒肯维尔地区现在出现了许多时髦的俱乐部、酒吧和饭店，许多设计师也常驻在此。英国司法部门在传统媒体行业佛里特街（Fleet Street）的南边，霍尔本（Holborn）法庭的周围运营，弯弯曲曲的内庭、美丽的草坪、狭窄的巷子和维多利亚女王时期的酒吧给人以18世纪伦敦的观感。

1 英格兰银行博物馆（Bank of England Museum）（折页N5）

您也可以扮演一下外汇经纪人，查验纸币的真伪，或者试着"偷窃"一根金条！这座优雅的博物馆展示了国家银行的历史，展出所有曾在英国流通的货币，包括假币。🏠 Bartholomew Lane 🕐 周一到周五10:00—17:00 ¥ 入场免费 @ www.bankofengland.co.uk/museum 🚇 Bank站

伦敦

2 贝维斯马克斯犹太会堂（Bevis Marks Synagoge）（折页P5）

这里的7个吊灯有着怎样的一段历史呢？奥利弗·克伦威尔（Oliver Cromwell）时期的长椅又在诉说着什么故事呢？为什么有一个座位一直封锁着？有关这座全英国最老的犹太会堂的导览讲解会给出这些问题的答案。这座会堂1701年由来自西班牙和葡萄牙的塞法迪犹太人建成，这些犹太人在宗教审判前逃离。维多利亚女王的首相本杰明·迪斯雷利（Benjamin Disraeli，1804—1881）在这里参加宗教活动，直到他12岁时皈依了英国国教。附近有符合犹太教规的贝维斯马克斯餐馆（Bevis Marks，🏠 3 Middlesex Street 🕐 周一到周五12:00—15:00，周一到周四17:30—22:30 💰 ££ 📞 020 72 47 54 74）。🏠 Bevis Marks 🕐 周一、周三、周四10:30—14:00，周二、周五10:30—13:00，周日10:30—12:30，在犹太教的节日时关闭 💰 5英镑，导览：周三、周五11:15，周日10:40 @ www.bevismarks.org.uk 🚇 Liverpool Street站

3 邦西田园（Bunhill Fields）（折页O3-4）

这是绿色的世外桃源，人们很喜欢在这里午休。作为伦敦鼠疫丧生者的公墓，这里从未举行过落成仪式或者祭奠活动。（"Bunhill"实则是"bone hill"，白骨堆成山之意。）在公墓于19世纪关闭之前，不信奉英国国教的人、贵格会教徒和卫理公会教徒都被埋葬在这里，如诗人和画家威廉·布雷克（William Blake，1757—1827）和《鲁滨孙漂流记》的作者丹尼尔·笛福（Daniel Defoe，1661—1731）。🏠 38 City Road 🕐 4—9月周一到周五8:00—19:00，10月至次年3月开放到16:00，周六、周日9:30—16:00，夏天开放到19:00；导览：4—10月周三12:30，起始点在公园里"服务员的帽子（Attendant's Hut）"处 💰 8英镑 @ www.cityoflondon.gov.uk 🚇 地铁北线：Old Street站

4 市政厅（Guildhall）（折页N-O5）

"主啊，请为我们指路"（Domine dirige nos）是伦敦市的座右铭，写在伦敦市政厅的主入口处，十分引人注目。市政厅自12世纪以来，就是伦敦市的官方办公机构。美丽的艺术画廊从不会过分拥挤，向人们展示着伦敦的美景，在中世纪的地下室中间可以看到迷人的、色彩鲜明的罗马竞技场的残余部分。🏠 Gresham Street 🕐 周一到周六10:00—17:00，周日12:00—16:00 💰 入场免费，周二、周五、周六12:15、13:15、14:15和15:15，45分钟的免费导览带您参观主要景点 @ www.guildhall.cityoflondon.gov.uk 🚇 Moorgate站

5 苍鹭大厦（Heron Tower）（折页P5）

乘坐玻璃电梯瞬间上升到苍鹭大厦40层的高度，这项活动不适合恐高的人。在鸭和华夫饼餐厅预订一张桌子（Duck and Waffle 🕐 每天 💰 ££~£££ @ duckandwaffle.com），您就可以俯瞰像玩具城一样的伦敦。看这座建筑周围许多的起重机，您就会知道，现在的这个高度和格局还远远达不到建造的预期。🏠 110 Bishopsgate 🚇 Liverpool Street站

景点

6 金融城的高楼大厦（折页P5）

金融城哪里可以找到"黄瓜"和"切奶酪器"呢？那些是密密麻麻挤在一起的许多玻璃高楼大厦的绰号。诺曼·福斯特建造的180米高的黄瓜大楼（The Gherkin 🏠 30 Mary Axe）是瑞士再保险（Swiss Re Building）的大楼，它作为被爱尔兰共和军（IRA）毁坏的波罗的海交易所的替代品，建造于2004年。尽管人们不能参观整栋建筑，但是Konditor & Cook Café（🕐 周一到周五20:00—18:00，大楼入口背面 @ www.konditorandcook.com）为工作人员和游客提供热情周到的服务及精美的甜品。"切奶酪器"就在"黄瓜"的斜对面：它是于2014年年底竣工的利德贺大楼（Leadenhall Building，高225米 🏠 122 Leadenhall Street）。这座大楼也只能在外面看看。转过身来，您就可以看到劳埃德大厦（Lloyd's Building 🏠 1 Lime Street，Ecke Leadenhall Street）。1986年，在为历史悠久的保险公司设计总部大楼时，建筑师理查德·罗杰斯（Richard Rogers）使用了巴黎蓬皮杜艺术中心（Centre Pompidou）的未来主义风格，并且把建筑的管道、废气系统、通风口和电梯都建在了建筑外部。在晚上，这座建筑会被打上蓝色的光，看起来好像"银翼杀手"系列电影的场景。🚇 地铁环城线、区域线：Monument站；地铁大都会线（Metropolitan）：Aldgate站

7 法学会（Inns of Court）（折页L5）

以4个法学会为基础，英国在中世纪发展出了基本法。这个培养顶尖法律人才的教育机构，尖山墙的大厅、窄街、供野餐的草地闪烁着跨时代的光芒。英国所有专业出庭律师（barristers）与事务律师（solicitors），都来自4个法学会中一个，每个律师必须在那里至少吃过12顿晚餐！林肯法学会（Lincoln's Inns）的旧大厅（15世纪）在"二战"轰炸中幸免于难，1185年建成的神殿教堂（折页L5）（Temple Church ¥ 门票5英镑 @ www.templechurch.com）是

健身

慢跑去发现城市周边的风光吧：参加河边带有引导的慢跑之旅（📞 084 55 44 04 33 @ www.cityjoggingtours.co.uk），穿过公园，在格林尼治或者汉普斯特德慢跑（6~12千米）。想要学习皮划艇？这就不可避免要弄湿衣物，人们在学习皮划艇的过程中，衣物时不时地就会掉入Shadwell Basin（Glamis Road 📞 020 74 81 42 10 @ www.shadwell-basin.org.uk）这个曾经的码头中。瑜伽相对比较柔和，但是这是为早起者准备的运动：周二早上7:30在圣史蒂芬教堂（St. Stephan）和圣约翰威斯敏斯特教堂（St. John Westminster）有免费的瑜伽课（🏠 Rochester Row @ www.sswsj.org 🚇 地铁区域线、环城线：Victoria站）。

伦敦

伦敦金融城由"黄瓜"和"切奶酪器"等组成的未来主义的天际线

伦敦唯一的圆顶教堂。每周三13:15常常有 当地锦囊▶**管风琴独奏会**。请您在工作日前去,因为氛围较好! 🚌地铁中央线:Holborn站

8 纪念碑(Monument)🌿(折页O6)

您可以从世界上最大的单体直立的石柱上看到绝佳的风景。这个纪念碑是克里斯托佛·雷恩1666年为纪念伦敦大火而建立的。如果把62米高的纪念碑放平,它会到达大火的起源地——布丁巷(Pudding Lane)的一家面包房。在出口处您会得到一张证书,证明您已经攀登了311级台阶。🏠Fish Street 🕘每天9:30—17:30,夏季到18:00 ¥4英镑 @www.themonument.info 🚌地铁环城线、区域线:Monument站

9 伦敦博物馆(London Museum)★(折页N4-5)

曾经,罗马人建立了伦底纽姆,占领了盎格鲁-撒克逊。瘟疫和大火也是影响伦敦历史发展的大转折点。在这里,人们津津乐道的不是虚无的童话。伦敦2000年的历史就鲜活地呈现在人们眼前:闻一闻盎格鲁-撒克逊的煮锅,您就会知道,中世纪时街头上在售卖什么食物。您可以在休闲公园里漫步,也可以在 当地锦囊▶**有维多利亚时代的理发店、厕所和酒吧的商业街闲逛**。不要忘记市长的镀金马车。在人工修复和多媒体还原下,人们现在可以看到一小截伦敦城墙。🏠150 London Wall 🕘每天10:00—18:00 ¥入场免费 @www.museumoflondon.org.uk 🚌地铁环城线、汉默史密斯城市线(Hammer Smith & City Line)、大都会线:Barbican站

10 当地锦囊▶约翰·索恩爵士博物馆(Sir John Soane's Museum)●(折页L5)

这里的地板走上去嘎吱嘎吱响,从地面直到屋顶全是雕像、奖牌和

景点

稀奇古怪的珍品。这个藏宝屋是约翰·索恩爵士（1753—1837）狂热的收藏爱好的产物。这位泥瓦匠的儿子、英格兰银行的建筑师，要求在他死后这个处所不能有一丝一毫的改动，但受托管理人没有完全遵守。现如今，在多次修缮之后，许多原来的房间被恢复：您可以看到索恩爵士的卧房和卫生间是什么样子的。您会为工作室的建筑模型、来自埃及的豪华石棺、加斯（Hogarth）的组画《浪子的历程》（A Rake's Progress）和建筑设计图感到惊叹。🏠 13 Lincoln's Inn Fields 🕐 周二到周六10:00—17:00；导览：周二，周六11:00，周二、周四到周六12:00（10英镑），在每月的第一个周二18:00—21:00有烛光导览（排着长队）！💴 入场免费 @ www.soane.org 🚇 地铁环城线、皮卡迪利线，Holborn站

11 圣保罗大教堂（St. Paul's Cathedral）★（折页N5）

这座献礼圣保罗的教堂自604年就建成了。现在这座教堂的前身——哥特式的旧圣保罗大教堂在1666年的大火中被烧毁。之后，索恩爵士开始主持建造现在的这座教堂。象征完工的最后一块石头于1711年到位，那是正值安妮女王（Queen Anne）的统治时期，她的雕像的背部对着教堂巨大的、有巴洛克风格双层门洞的西立面。在第二次世界大战时期，圣保罗大教堂覆盖着铅的穹顶在德军多次空袭中只遭到小部分的毁坏，这象征着伦敦重新崛起的顽强生命力。在教堂的地下墓穴沉睡着英国的英雄威灵顿将军和纳尔逊将军。从南边的走廊出发，经过壁画，可以往上去。您可以在回音廊（Whispering Gallery）的墙底低声细语，人们能够在30米开外的对面听到您的细语。理论上这是可行的，但是您不会是唯一的做这项尝试的人，所以会听到许多杂音。在最上面的🌿金廊（Golden Gallery），您还可以俯瞰全城。您还可以参加唱诗班的晚祷（Choral Evensong 🕐 周一到周六17:00，周日15:15 💴 免费参观）。🕐 周一到周六8:30—16:00，周日的时候只有礼拜，导览在10:00、11:00、13:00和14:00 💴 门票18英镑，网上提前预订16英镑（包含多媒体导览器和导览），注意：大的包和袋子不能带入！@ www.stpauls.co.uk 🚇 地铁中央线：St. Paul's站

12 伦敦塔（Tower of London）★（折页P6）

老伦敦的"胚细胞"是一个有着900多年历史的迷人区域，这里有皇家住宅、监狱、武器库、铸币厂和王冠保管处。伦敦塔又叫白塔（White Tower），是联合国教科文组织认证的世界遗产，建于1076年——征服者威廉时代。诺曼底的圣约翰教堂（Chapel of St. John, 1080年）是这座城市留存的历史最悠久的教堂建筑。有名望的"犯人"如沃尔特·罗利爵士（Sir Walter Raleigh）和珍妮·格蕾夫人（Lady Jane Grey）在泰晤士河畔经过"叛徒之门"（Traitors' Gate）被带到了塔里。臭名昭著的格洛斯特公爵（Duke of Gloucester）——也就是后来的理查三世，把他分别10岁和12岁的两个侄子关在了血腥塔（Bloody Tower）并称"这是为了两个孩子的安全"。谁都不清楚他是否把侄子们杀害了。在珠宝塔（Jewel Tower）里，

伦敦

伦敦塔是所有旅行团的必游景点

一条传送带带着您轻松地欣赏皇家珠宝：尤其是2002年去世的女王的母亲，戴过带有科依诺尔（Koh-i-Noor）钻石的王冠。建议您早点到，赶在大批的游客之前，您还可以和伦敦塔的守卫结伴出游（每30分钟一趟）。这些"吃牛肉者"是有特权的传统伦敦塔守卫，在2007年，500年来第一次允许女性加入这项工作。乌鸦的翅膀被剪短，因为根据传说，当乌鸦飞离这座塔的时候，君主制度就会失败。这里有一座纪念在塔里被处决者的纪念碑。🕐 3—10月周二到周六9:00—17:30，周日和周一10:00—17:30，11月至次年2月周二到周六9:00—16:30，周日和周一10:00—16:30 ¥ 22.5英镑，上网购买21英镑，语音讲解器4英镑 @ www.hrp.org.uk 🚇 地铁环城线、区域线：Tower Hill站

13 芬丘奇街20号（20 Fenchurch Street）☸（折页 O6）

在芬丘奇街和东市场路（East cheap）之间，耸立着由拉斐尔·维诺利（Rafael Viñoly）设计的高楼——芬丘奇街20号（160米），它的绰号是"对讲机（Walkie Talkie）"。只需要一张免费的票（提前预订）便可以乘电梯往上，到**当地靓景▶空中花园**（Skygarden @ skygardentickets.com），走到玻璃边，您会惊叹于美丽的景色！🚇 地铁中央线、区域线，Monument站

南岸、萨瑟克、岸边和兰贝斯

（South Bank, Southwark, Bankside and Lambeth）南部很贫穷，北部很富有？现在不再是这样了。泰晤士河南岸摆脱了它贫穷的样貌，一些景点也和北岸展开了竞争。

今天，当您在泰晤士河南岸闲逛，喝一杯咖啡或者酒，在巨大的

景点

"伦敦眼"摩天轮上欣赏美景或者在泰特现代美术馆沉浸于艺术的享受中时,很难想象,南岸曾经是伦敦贫穷的地区:在莎士比亚的时代,这里是罪孽深重的区域,充斥着赌博和卖淫活动,后来这里一跃成为工业区,在20世纪50年代建成了文化展览的场所,与北岸富有的国会、政府和华丽建筑相对。在世纪之交的时候,情况出现了转变:莎士比亚环球剧院(Shakespeare's Globe Theatre)重建,发电站被改建成了泰特现代美术馆,千禧桥、伦敦眼、海洋生物水族馆(Sea Life Aquarium)、设计师工作室、画廊、咖啡厅、酒吧、饭店和别具一格的碎片大厦也纷纷建成。南区成了娱乐和信步游玩的理想去处。在南区岸边,如伯蒙德赛(Bermondsey),绅士化和贵族化仍在延续。时髦的店铺和新的购物中心纷纷落成。但是,发展也带来了一些问题:社会保障住房的建造自20世纪70年代开始逐步减少,取而代之的是时髦的摩天大楼。这对伦敦贫困的阶层来说,是无力支付的。

1 市政厅(City Hall)/大伦敦市政府(GLA)(折页P7)

从字面上看,"大伦敦市政府"(Greater London Authority)这个名字有点奇怪。诺曼·福斯特玻璃质地的蛋形的建筑位于泰晤士街,由于科学运用了生态冷却系统,所以这栋建筑的耗能只是同等体量建筑的四分之一。🏠 The Queen's Walk 🕐 周一到周四8:30—18:00,周五到17:30 @ www.london.gov.uk 🚇 地铁银禧线(Jubilee Line)、北线,London Bridge站

2 花园博物馆(Garden Museum)(折页K9)

这里只有老旧的浇水壶和手推车?不只是这些,楚达斯坎特(Tradescant)父子以及其他稀奇古怪的东西也收藏在圣玛丽兰贝斯教堂(St. Mary at Lambeth)里。由于这两位16—17世纪的皇家园丁和作物研究者被埋葬在这个教堂里,所以展览的一部分是为了纪念他们的贡献,附近的花园也展现了他们对于园艺的理念。您可以去漂亮的咖啡馆小坐。在本书截稿之时花园博物馆处于关闭状态,门票价格和开放时间详见 @ www.gardenmuseum.org.uk。🏠 Lambeth Palace Road 🚇 地铁贝克鲁线:Lambeth North站

3 帝国战争博物馆(Imperial War Museum)(折页M8-9)

大炮被摆放在了大门入口处,目的是使人们牢记战争的残酷。这里陈列着各种各样的军事武器。喷火式战斗机和双翼飞机停靠在诺曼·福斯特设计的正厅屋顶上,T34坦克、V2火箭和军用飞机经历了两场毁灭性的世界大战。在别的展厅里,展出则和人有关:军队生活、"二战"时的炸弹雨和著名的战役,如诺曼底登陆。🏠 Lambeth Road 🕐 每天10:00—18:00 ¥ 入场免费 @ www.iwm.org.uk 🚇 地铁贝克鲁线:Lambeth North站

4 伦敦眼(London Eye)★●🌿(折页K-L7)

人们在这里很容易感到眩晕!这个欧洲目前最高的摩天轮(135米)就在泰晤士河边。摩天轮的轿厢是玻

伦敦

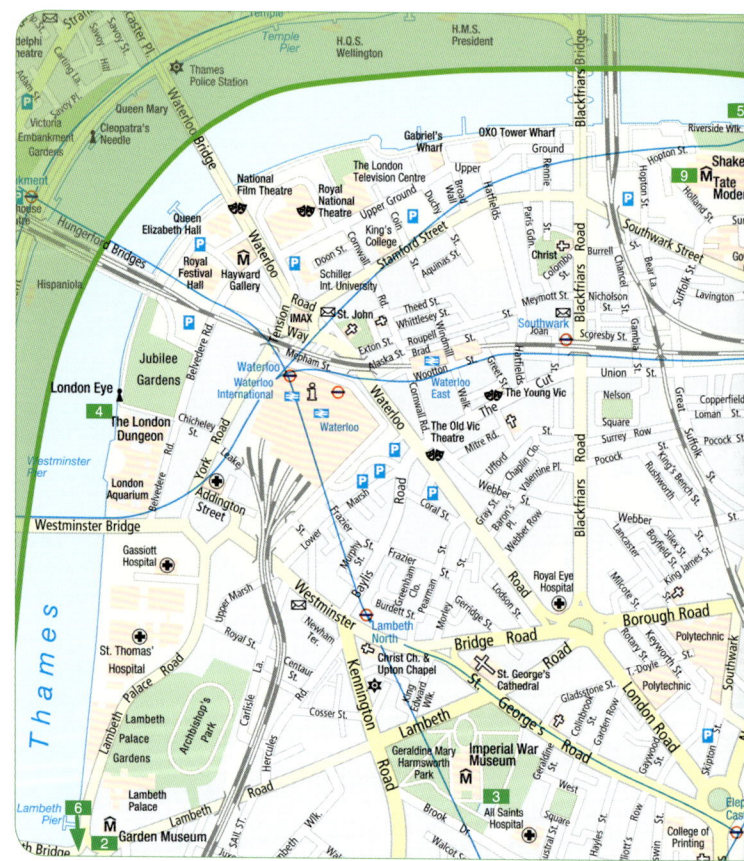

南岸、萨瑟克、岸边和兰贝斯的景点

1. 市政厅/大伦敦市政府
2. 花园博物馆
3. 帝国战争博物馆
4. 伦敦眼
5. 千禧桥
6. 英国秘密情报局大楼

璃制成的,每个里面能容纳25位乘客,从里面望到的景色是无与伦比的。在晴天时,您能望到几千米外的远处。在晚上时,观看灯光闪烁的夜景,有独特的浪漫感觉。额外的体验:有风和天气效果的4D体验电影。**当地情调 金汤力之旅是很有情调的**,您可以品味鸡尾酒,并且在摩天轮上转两轮(¥39.95英镑)。⏰9月至次年3月每天10:00—20:30,4—8月10:00—21:00,周五、六到21:30,在1月会有两周关闭 ¥24.95英镑(网上预订21.20英镑)☎ 087 17 81 30 00(*)@ www.londoneye.com 🚇 地铁环城线、区域线:Waterloo站、Westminster站

景点

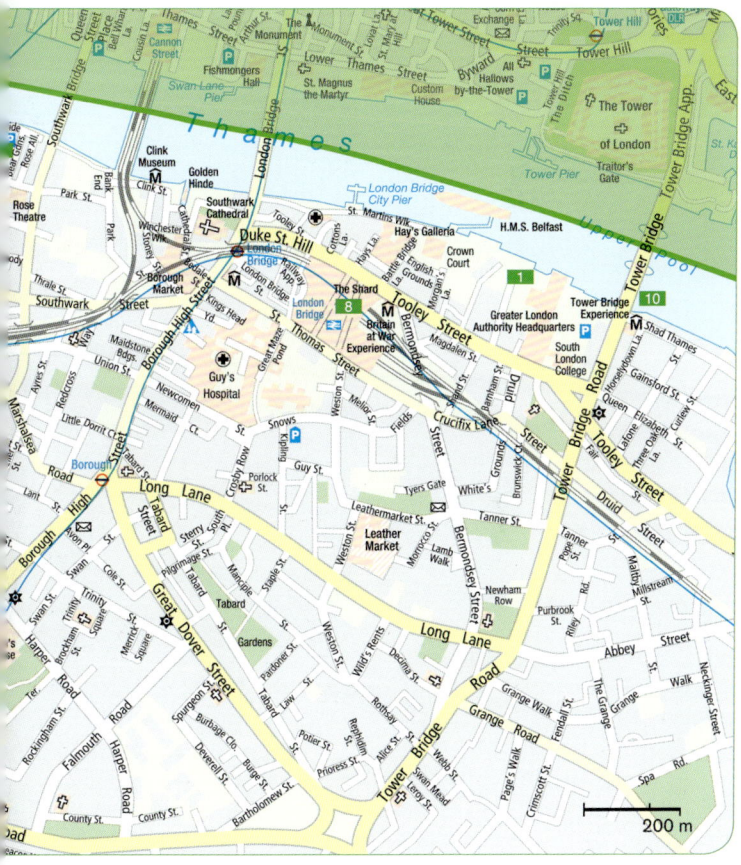

- 7 莎士比亚环球剧院
- 8 碎片大厦
- 9 泰特现代美术馆
- 10 伦敦塔桥

5 千禧桥（Millennium Bridge）（折页 N6）

百年来泰晤士河上的第一座桥，连接着伦敦的两大标志性建筑：圣保罗大教堂和泰特现代美术馆。这座325米长的铁桥，由诺曼·福斯特和雕塑家安东尼·卡洛（Anthony Caro）设计，是建筑设计的榜样。可惜的是，在这座桥2000年落成揭幕后不久，人们才发现，当游客特别多时，这座桥并不能保持静态平衡，而是会摇晃。作为补救措施的减震器又花费了500万英镑。地铁中央线：St. Paul's站；地铁环城线、区域线：Blackfriars站

伦敦

6 英国秘密情报局大楼（MI 6 Building）（折页K10）

詹姆斯·邦德的粉丝会觉得这个后现代的、像乐高积木搭成的大楼很熟悉：它曾在2012年的电影《007：大破天幕杀机》中充当惊世一跳的背景，而在2015年的《幽灵党》中，它以一种破败的形象出现。在看电影的时候，留心的观众会发现，在现实中，这里也是英国秘密情报局总部的所在地。🏠 85 Albert Embankment 🚇 地铁维多利亚线：Blackfriars站

7 莎士比亚环球剧院（Shakespeare's Globe Theatre）（折页N6）

莎士比亚于16世纪末期在这里工作生活。在这个八角形的露天剧院里上演着莎士比亚的作品，直到剧院被烧毁。在20世纪90年代末期，人们在同样的位置重建了剧院。如此，人们可以在空气中嗅到莎翁戏剧的味道，观看表演（🕐 周一到周日9:00—17:00）或者参与演出（🕐 周一9:30—17:00，周二到周六9:30—12:30，周日到11:30，每次30分钟 ¥ 15英镑，禁止携带雨伞和照相机！下午有戏剧表演时禁止入场，更多信息请拨打 📞 020 79 02 15 00）。在山姆·沃纳梅克剧院（Sam Wanamaker Playhouse）的表演是由烛光照耀的。🏠 21 New Globe Walk 🕐 4月底到10月初周一到周六14:00，19:30，周日13:00，18:30 ¥ 票价：5～62英镑 📞 020 7401 99 19 @ www.shakespearesglobe.com 🚇 地铁环城线、区域线：Mansion House站；地铁北线、银禧线：London Bridge站

8 碎片大厦（The Shard）（折页O7）

位于泰晤士河南岸的碎片大厦高达310米，建成于2012年，是伦敦的新地标之一。高速电梯可以将游客带上360度全景的观景平台和楼顶露台，这里的风景美极了！您可以在这里喝 当地精髓 一小杯香槟（¥ 提前订票：33.95英镑）。🏠 St. Thomas Street 🕐 4—10月每天10:00—22:00，11月至次年3月周日到下周三10:00—19:00，周四到周六10:00—22:00，需要提前订票，随身包的大小有限制！¥ 30.95英镑，提前预订价：25.95英镑，包括导览器 📞 084 44 99 71 11（*）@ www.theviewfromtheshard.com 🚇 地铁北线、银禧线：London Bridge站

景点

没有恐高症的人,可以尽情享受伦敦眼上的美丽风光

9 泰特现代美术馆★(折页N6)

泰特现代美术馆是伦敦博物馆天空中一颗璀璨的明星,是世界上最大的现代艺术博物馆。自从2000年这座泰晤士河边上巨大的砖结构建筑建成开放以来,它的装潢和涡轮大厅的艺术展出就引起了轰动,这些展出包括安尼施·卡普尔(Anish Kapoor)、路易斯·布尔乔亚(Louise Bourgeois)等艺术家的作品展。瑞士建筑家赫尔佐格和德梅隆(Herzog & De Meuron)主持设计了这座发电厂的改建,建造了这里金字塔形的建筑开关室(Switch House)。敢于往下走,接近油槽装置的人,会闻到油的气味。通过改建,这座美术馆不仅多得到了60%的展览场地,还得到了10层高的可以俯瞰整座城市美景的观景点。 53 Bankside 周日到下周四10:00—18:00,周五、六10:00—22:00 入场免费,对必看展品的免费导览每天11:00、12:00、14:00、15:00、16:00开始 @ www.tate.org.uk 地铁银禧线:Southwark站;地铁环城线、区域线:Blackfriars站;地铁中央线:St. Paul's站

10 伦敦塔桥(Tower Bridge)★(折页P-Q 6-7)

在大本钟附近的后哥特式的双塔桥(1894年)是伦敦最著名的地标。塔桥展览(Tower Bridge Exhibition,入口在北塔)带您领略有蒸汽机原件的维多利亚时期的机器博物馆。在玻璃铺就的桥上的人行道上,您会有绝佳的观景视野,尤其是当桥的一部

伦敦

碎片大厦：伦敦到处都能看见的新地标

分向上翻起的时候。🕐 4—9月每天10:00—17:30，10月至次年3月9:30—17:00 ¥9英镑 @ www.towerbridge.org.uk 🚇 地铁环城线、区域线：Tower Hill站

其他景点

卡姆登（Camden）（折页 G-H1）

在这个伦敦北部区域有摇滚乐、迷幻乐、朋克和电子乐。在参观市场、俱乐部、酒吧、剧院，观看舞蹈和演出之余，请您也参观一下 当地锦囊 犹太博物馆（Jewish Museum 🕐 周六到下周四10:00—17:00，周五到14:00 ¥7.5英镑 @ www.jewishmuseum.org.uk），这里展现了英国犹太社区的历史，也讲述了散居在世界各地的犹太人的故事和犹太人的传统。这里有咖啡馆。@ www.camdentown.co.uk 🚇 地铁北线：Camden站

格林尼治（Greenwich）★

城市东南边是属于英国海员的老区，空气中弥漫着海的气息。请您给自己留一天的时间，来发现联合国教科文组织评选的世界遗产的魅力。卡蒂萨克号（Cutty Sark）帆船（@ www.rmg.co.uk）附近就是泰晤士河地下人行通道的入口。在老皇家海军学院（Old Royal Naval College @ www.ornc.org）的绘画厅（Painted Hall）里，您会为穹顶油画巴洛克风格的象征符号和装潢得富丽堂皇的祈祷室惊叹不已。请您在伦敦最美丽的原始树林里散步上山，经过国家海洋博物馆（National Maritime Museum @ www.rmg.co.uk），这里有库克船长的六分仪、泰坦尼克号纪念遗物和世界上最大的海洋艺术品展览。直到今天，航海还是以格林尼治的时间和皇家天文台（Royal Observatory 🕐 每天10:00—17:00 ¥9.5英镑，也可以买带航行的联票，22.5英镑起）前的本初子午线为基准，在这里，您可以同时站在东西半球上。● 天文馆 [🕐 今夜天空秀（Show the Sky Tonight）时间不确定 ¥7英镑] 铜制的圆锥体的角度偏向北极星。🌿 小山丘上是欣赏码头全景和金丝雀码头风光的好地方。有三栋大楼的办公区堪称"伦敦的曼哈顿"。🚇 Greenwich站；DLR：Cutty Sark站

景点

汉普斯特德（Hampstead）

这是伦敦乡村风光的最后保留地，带着浓浓的艺术和清高的气氛，有一条漂亮的商业街和风光美丽的、占地广阔的●汉普斯特德郊野公园。这个公园是伦敦的绿肺，散步者、遛狗者和滑翔伞爱好者的好去处。您可以从国会山（Parliament Hill）上看到城市的美景。地铁北线：Hampstead站

汉普敦宫（Hampton Court Palace）

亨利八世国王以他和六任妻子的感情史而闻名。在他的红衣主教托马斯·沃尔西（Thomas Wolsey）离开这座宫殿后，他就住在这里。这位国王委托红衣主教建造这座宫殿，直到1520年，红衣主教与国王关系陷入危机，因为红衣主教不允许亨利与来自阿拉贡的卡特琳娜离婚。亨利为他的妻子们改建了这座宫殿并扩建了农场。这座带有塔楼和装饰烟囱的砖结构建筑，现存的体量庞大，是都铎王朝建筑的见证者。您至少应该留出三小时参观这里，这样就可以参观大厅、都铎厨房、青年亨利八世展览、国王的房间和巨大的花园。East Molesey，Surrey 4—10月每天10:00—18:00，11月至次年3月到16:30 19英镑（包含导览器），网上预订18英镑 @ www.hrp.org.uk 乘火车到Hampton Court站（从Waterloo站上车）

高门墓地（Highgate Cemetery）

伦敦最著名的公墓。卡尔·马克思在伦敦度过了半生。这里有他的铜制胸像，上面刻着铭文"全世界无产者联合起来"。性手枪（Sex Pistols）乐队经理和朋克设计师马尔科姆·麦克拉伦（Malcolm McLaren）也埋葬在这里（4—10月周一到周五10:00—17:00，周六、周日11:00—17:00，11月至次年3月到16:00 4英镑）。当地揭秘 西边的像中了魔咒一般的公墓只有在导览带领下才允许参观，有哥特式的墓地雕刻和阴森森的坟墓。这趟旅行的高潮是埃及大道（Egyptian Avenue）和黎巴嫩穹顶圈（Circle of Lebanon Vaults）：这片地下墓穴被黎巴嫩雪松笼罩，这部分景色激发了布莱姆·斯托克（Bram Stoker）创作著名小说人物——吸血鬼德古拉（Dracula）。导览：英语，70分钟。Swains Lane 3—11月周一到周五13:45（提早报名！），全年周六、周日11:00—16:00，每30分钟一次，从10:45开始卖票 12英镑 020 83 40 18 34 @ www.highgatecemetery.org 地铁北线：Archway站

英国皇家植物园（Kew Gardens）★

棕榈树、睡莲、热带的水生植物，甚至是珊瑚，在这个巨大的维多利亚时期修建的温室里都生长得很好。250年的园艺在这个皇家植物园里流传了下来。这儿生长着世界上的许多植物，枝繁叶茂。这都得益于这里特别设置的气候条件。在18米的高空，您可以在树顶走廊（Treetop Walkway）的树叶之间行走。导览持续1小时（每天11:00，12:00，13:30，提前15分钟报名）。您也可以选择乘坐舒服的探索植物园小火车（5英镑）。游客持票也可以参观基佑宫（Kew Palace 4—9月每天10:30—17:30），疯狂的乔

伦敦

治三世曾经住在这里。现在，人们可以参观他的厨房和他妻子居住的小房子——夏洛特王后小屋（Queen Charlotte's Cottage ⏰ 4—9月周六、周日11:00—16:00）。英国皇家植物园（🏠 Kew Road ⏰ 每天10:00开放，关闭时间在16:15—19:30之间波动 ¥ 16英镑 @ www.kew.org 🚇 地铁区域线：Kew Gardens站）。在夏季时，可以乘船到基佑（Kew）或者威斯敏斯特站（⏰ 4—10月 ¥ 13英镑/90分钟）。

杜莎夫人蜡像馆（Madame Tussaud's）★（折页 F4）

您想要像明星一样，在红毯上出现，身边站着凯特·温斯莱特（Kate Winslet）或者布拉德·皮特（Brad Pitt）？或者想要拥抱乔治·克鲁尼（George Clooney）和詹妮弗·洛佩兹（JLo），或者像卡拉·迪瓦伊（Cara Delevingne）一样当一回模特，还是想要偶遇尤塞恩·博尔特（Usain Bolt）吗？这个不停扩大的名人沙龙使得一切成为可能！🏠 Marylebone Road ⏰ 每天9:30—17:30（夏季开放时间会延长）¥ 排队买票35英镑，网络提前订票29英镑，14岁以下的孩子必须有成年人陪同 @ www.madametussauds.com/london 🚇 Baker Street站

码头博物馆（Museum of London Docklands）

这里在曾经存放糖、咖啡和朗姆酒，现在位于一片摩天大楼之中的金丝雀码头仓库之中。这座码头博物馆讲述着2 000年来泰晤士河航运的故事，记录了英国不太为人所知的跨太平洋奴隶贸易。🏠 西印度码头（West India Quay）⏰ 每天10:00—18:00 ¥ 入场免费 @ www.museumoflondon.org.uk/museumlondon-docklands 🚇 地铁银禧线：Canary Wharf站；DLR轻轨列车：West India Quay站

诺丁山（Notting Hill）（折页 A-B 5-6）

茱莉亚·罗伯茨（Julia Roberts）、休·格兰特（Hugh Grant）和他们观众众多的电影给人以错误的印象：本来是许多加勒比移民聚居的地方，而现如今，诺丁山已经发展成为一个富有的城区。这里漂亮的彩色小房子，如小店、咖啡馆和小吃酒吧等，现在都价值超过百万。这个地区现在已然成为潮流和时尚的代名词。🚇 地铁中央线：Notting Hill Gate站

伊丽莎白女王奥林匹克公园（Queen Elizabeth Olympic Park）●

2012年的奥运场地已经成了一座公园，有许多可以休息的地方，还有娱乐器具和野餐的场地。伦敦水上运动中心（Aquatics Centre）、田径运动馆（Stadium）、单车场（Velopark）和115米高的交织在一起的钢结构建筑🌱安赛乐米塔尔轨道塔（Arcelor Mittal Orbit ⏰ 4—9月每天10:00—18:00，10月至次年3月11:00—17:00 ¥ 只能在网上买票，只观景10英镑，乘坐滑梯每张票价15英镑 @ www.arcelormittalorbit.com）。您可以在观景平台上远眺伦敦美景，也可以坐滑梯快速向下。乘坐特地为游乐建造的🌱缆车［在北格林尼治和皇家维多利亚码头（Royal Victoria

景点

诺丁山上有许多小的、新奇的、稀奇古怪的店铺

Docks）之间］，人们可以在高空中飞越泰晤士河。韦斯特菲尔德斯特拉特福德城市中心（Westfield Stratford City Center）是购物者的天堂。@ www.queenelizabetholympicpark.co.uk 🚇 地铁中央线、银禧线：Stratford站

福尔摩斯博物馆（Sherlock Holmes Museum）（折页F4）

由本尼迪克特·康伯巴奇扮演的英国历史上最著名文学人物的故事被搬到了21世纪：神探夏洛克的位于贝克街221B的房子实际上并不存在，但是贝克街239号的博物馆努力还原福尔摩斯的家。请您戴着礼帽，拿着烟斗坐在单人沙发里，寻找破案的灵感。🏠 239 Baker Street ⏰ 每天9:30—18:00 ¥ 15英镑 @ www.sherlockholmes.co.uk 🚇 Baker Street站

尼斯登寺庙（Shri Swaminarayan mandir/Neasden Temple）（折页F4）

2 000吨重的卡拉拉大理岩和2 800吨重的保加利亚石灰岩被做成了穹顶和塔楼，殿里有用鲜花装饰的敬神祭台，敬奉印度教神像。这个印度之外最大的印度教寺庙之一于20世纪90年代初由一支印度教派建造。邻近印度教博物馆（¥ 2英镑）附近有 **当地推荐** 莎优那餐厅（Shayona ⏰ 每天开放 ¥ £ ☎ 020 89 65 33 65 @ www.shayonarestaurants.com）。🏠 105~119 Brentfield Road ⏰ 每天9:00—18:00 @ www.londonmandir.baps.org 🚇 地铁贝克鲁线：Harlesden站，然后乘224路公交车

斯皮特尔菲尔德（Spitalfield）（折页P/Q4）

自从20世纪90年代菜市场从这

伦敦

里迁出去之后，斯皮特尔菲尔德市场（P.87）就建立起了独属于自己的以复古服装和手工艺闻名的充满创意的风格。年轻设计师在这里寻找便宜的工作室。这股潮流在继续向北边的肖尔迪奇发展。@ www.spitalfields.co.uk 🚇 Liverpool Street站

泰晤士防洪墙（Thames Flood Barrier）

高科技的防洪屏障（1982年）由巨大的、不锈钢灌注的机器房构成，外观是鲨鱼形状，能够在紧急时刻从河底把防洪堤板运送上去，保护伦敦城。泰晤士河防洪墙公园（Thames Barrier Park 🚇 DLR轻轨：Pontoon Dock站）位于泰晤士河北岸。公园附近是三浮标码头（Trinity Buoy Wharf ⏰ 每天9:00—17:00 @ www.trinitybuoywharf.com 🚇 DLR轻轨：East India站），曾经是泰晤士河浮标的仓库，现在被改建成了充满艺术家工作室的集装箱村。河南岸小小的信息中心向游客展示河水闸如何工作。🏠 1 Unity Way ⏰ 11月至次年3月周四到周六11:00—15:30、4—10月周四到周六10:30—17:00 ¥ 4英镑 🚇 North Greenwich站，之后换乘472路公交车

温布尔登网球博物馆（Wimbledon Lawn Tennis Museum）

在历史悠久的网球场附近的博物馆展示着网球运动的历史，收藏有"温网"奖杯、威廉姆斯姐妹的裙子、重要比赛的录像，包括2012年伦敦奥运会比赛的录像。🏠 Church Road, Wimbledon ⏰ 导览：每天（除了比赛期间）10:00—17:00 ¥ 13英镑，含1.5小时导览的门票价格为24英镑 📞 020 89 46 6131 @ www.wimbledon.com 🚇 地铁区域线：Southfields站，然后换乘39路公交车

周边景点

温莎城堡（Windsor Castle）与伊顿公学（Eton College）

温莎城堡（⏰ 3—10月通常每天9:30—17:30开放，11月至次年2月9:45—16:15 ¥ 20英镑，包含语音导览 @ www.royalcollection.org.uk）是

景点

女王的周末住所,比她的宫殿还要豪华一点。在2~3小时的旅程中,您在国事厅(State Rooms,全年开放)漫步。10月至次年3月,您还可以参观半国事厅(Semi-State Rooms),路过豪华的家具,欣赏伦勃朗、鲁本斯和卡纳莱托的油画。一定要看的是大概1米高的漂亮的玛丽皇后玩偶屋(Queen Mary's Doll House)和它里面的迷你物件:书籍、电梯和奢华别墅里摆放的家具。圣乔治教堂(St. George's Chapel)安葬了10位君王。4—7月周一到周六每天上午11:00换岗,其他时候换岗时间会变化。从滑铁卢或者帕丁顿(Paddington)乘坐火车前往,或者乘坐701、702路绿线公交车。

如果想吃饭,那么您必须中断参观,出去到邻近城堡的咖啡馆用餐,女王尤其不喜欢薯条的味道。培养英国首相(有18位首相出自这里)的学校叫作伊顿公学,离温莎城堡步行15分钟。于1440年为贫穷和有才能的学生建立的这座学校,现在已经是世界上最高级的学校之一。跟随着导览,您不仅可以参观古老的保存完好的教室,还可以体验在伊顿公学建立初期,教学是多么严格。(至本书截稿时不开放参观,需导游陪同。)
@ www.etoncollege.com

温莎城堡前女王的马车

美 食

英国食品已经不再是美食界的笑柄。今天,伦敦有超过50家米其林星级餐厅,可以满足所有用餐需求:从埃塞俄比亚到塞浦路斯菜肴,从中国菜到无麸质食物,从街头美食到用餐体验良好的餐厅,一应俱全。

本着融合现代英国、现代欧洲和亚洲菜系的精神,美味的,有时甚至是顶级的创意菜品被端上餐桌。与此同时,英国已成为一个爱好烹饪的国家,这都是受到电视烹饪节目的启发,如常年播放的迪莉娅·史密斯(Delia Smith)的节目,悠闲的杰米·奥利弗(Jamie Oliver)和明智的奈杰拉·劳森(Nigella Lawson)的节目。伦敦人只在周末才自己做饭,比如做一顿经典的英式早餐——准备鸡蛋和培根。此外,他们越来越多地在餐厅吃早午餐。在工作日,伦敦人会在实惠的小餐馆(Caffs)里点一杯茶、烤豆(番茄酱豆)吐司、煎鸡蛋和香肠。小餐馆是英国工人文化的一部分,也被称为"油腻的勺子(greasy spoons)",因为这里的食品含油比例很高。有机食物和价格合理的粥正在从新兴食物发展成为菜品里不可或缺的一部分。传统的茶(cuppa)现在已被拿铁(latte)取

上图:豪华酒店里的下午茶,充满情调

发现各大洲和各种口味的美食：从小餐馆到大饭店。

代。伦敦的每个角落都可以找到星巴克。在工作日，英国人只有短暂的午餐时间，常常只能在办公桌前吃一块三明治。晚餐有很多叫法：五点半到七点之间的叫茶点（tea），简便的晚餐叫作"supper"，更正式的晚餐则叫"dinner"。在餐厅开胃菜叫"starters"，主菜叫"main courses"，甜点叫"desserts"，一般是布丁（puddings）。配菜叫"side dishes"。

在唐人街，您可以以低于10英镑的价格享用自助餐。值得推荐的餐厅连锁店有普雷佐（Prezzo @ www.prezzorestaurants.co.uk），提供意大利菜。此外还有拉面道（Wagamama @ www.wagamama.com），供应日式料理，通常需要订

伦敦

凭借法式蛋糕，Maison Bertaux甜品铺征服了伦敦人的心

位，特别是在周末。著名的高档餐厅要提前几周预订。在网站 @ www.toptable.co.uk 上通常可以以特价预订餐饮。餐馆营业时间通常为12:00—15:00和18:00—23:00（星期日会早些关门）。许多餐厅在17:30—19:00为戏剧或电影观众提供观看演出前用餐（pretheatre meal）。

下午茶

推荐您在时髦的酒店里享用传统的下午茶：夹黄瓜、三文鱼或鸡蛋的迷你三明治，以及有奶油和果酱夹心的烤饼和精美的糕点，再搭配一杯香槟，美味极了！

108 Pantry（折页 G5）

终于可以品尝无麸质下午茶啦！在马里波恩酒店（Marylebone Hotel），您可以尽情享用无麸质或经典口味的下午茶，包括酪乳烤饼、蛋糕和其他糕点。🏠 108 Marylebone Road 🕐 每天12:00—17:00 ¥ 28英镑起 📞 020 79 69 39 00 @ www.108brasserie.com 🚇 地铁中央线、银禧线：Bond Street站

棕榈阁（Palm Court）（折页 H5）

朗廷酒店（Langham Hotel）的餐厅的下午茶被伦敦茶叶理事会授予"最佳下午茶奖"称号。搭配茶的糕点有手指三明治和烤饼、传统糖果和精致的迷你蛋糕。🏠 1C Portland Place, Regent Street 🕐 每天13:00、15:15和17:30 ¥ 49英镑起 📞 020 79 65 01 95 @ www.palmcourt.co.uk 🚇 Oxford Circus站

绘叶书茶铺（Postcard Teas）●（折页 G5）

在前艺术品经销商蒂莫西达菲（Timothy d'Offay）的日本风格茶馆中向英国国家饮品致敬。您可以参加

美食

一堂茶课（🕐周六上午10:00），或将您最喜爱的茶寄回家。🏠 9 Dering Street/9 New Bond Street 🕐 周一到周六10:30—18:30 📞 020 76 29 36 54 @ www.postcardteas.com 🚇 Oxford Circus站

丽兹酒店（The Ritz）★（折页 H7）

● 在丽兹棕榈阁（Palm Court）喝茶是一种上流社会的仪式。餐饮套餐价格高达52英镑，包含最好的茶、三明治、烤饼、法式蛋糕。大家都穿着套装，打着领带，没有穿牛仔裤和运动鞋来的！需要提前预订。🏠 150 Piccadilly 🕐 每天11:30、13:30、15:30、17:30、19:30 📞 020 73 00 23 45 @ www.theritzlondon.com 🚇 Green Park站

咖啡馆

Attendant（折页 H5）

这个不寻常的喝咖啡的地方以前是维多利亚时代的男士小便池。陶瓷制品留在咖啡馆角落，使咖啡馆显得非常迷人。🏠 27a Foley Street 🕐 周一到周五8:00—18:00，周六、周日10:00—17:00 @ www.the-attendant.com 🚇 地铁北线、中央线：Goodge Street站、Oxford Circus站

Drink，Shop & Do（折页 K2）

原汁原味的带有工作坊的老式咖啡厅。您看到的东西都可以买下来，不管是餐具、厨房毛巾，还是糖果。周五、周六19:00起有舞会（¥22:00前免费入场）。==周日供应含普洛赛克酒（prosecco）和素食的不限量早午餐==。（需要提前预订！）🏠 9 Caledonian Road 🕐 周一到周四10:30—24:00，周五、周六到次日2:00，周日到20:00 📞 020 72 78 43 35 @ www.drinkshopdo.com 🚇 King's Cross站

Look Mum No Hands!（折页 N4）

您可以在这个自行车车间改建的咖啡馆里喝一杯咖啡。在大木桌上，您可以舒适地聊天，吃些甜点或精心准备的菜肴。🏠 49 Old Street 🕐 周一到周五20:00—22:00，周六、周日9:30开始营业 📞 020 72 53 10 25 @ www.lookmumnohands.com 🚇 地铁环城线、北线：Barbican站、Old Street站

美味之选

★ **丽兹酒店**
在伦敦高档的酒店喝下午茶。→ P.69

★ **贝尔格莱维亚区的博伊斯代尔饭店**
和现场爵士乐搭配的苏格兰菜。→ P.71

★ **公园旅馆**
在绿地上用餐，可以看到海景。→ P.71

★ **Dishroom**
风格别致的印度美食。→ P.70

★ **撒丁岛餐厅**
正宗撒丁岛美食。→ P.74

★ **帕洛马尔**
被重新诠释的以色列菜。→ P.77

伦敦

Maison Bertaux（折页 J5）

这家自营甜品店于1871年建立，提供经典的羊角面包和美味的糕点。🏠 28 Greek Street 🕐 每天9:00开始营业 @ www.maisonbertaux.com 🚇 地铁北线、皮卡迪利线：Leicester Square站；地铁中央线、北线：Tottenham Court Road站

Notes（折页 K6）

在高级浓缩咖啡机中烘焙最好的咖啡豆，用陶瓷过滤器制作复古咖啡；在这里，您可以品尝高品质的咖啡，与此搭配的还有粥或牛油果吐司。🏠 31 St. Martin's Lane 🕐 周一到周五20:00—21:00，周六9:00—22:00，周日10:00—18:00 ☎ 020 72 40 04 24 @ www.notes-uk.co.uk 🚇 地铁贝克鲁线、北线：Charing Cross站；地铁北线、皮卡迪利线：Leicester Square站

最爱的美食圣地

美食圣殿

在酒吧喝了几杯啤酒之后，一对兄弟决定辞掉工作，开始烤制比萨。由于他们两个都不知道如何制作比萨，他们前往意大利，学习手艺，并带着三轮车返回了伦敦。在细长的三轮车里，他们建了一个大比萨烤箱，从那以后比萨使者（折页 J5-6）（Pizza Pilgrims 🕐 周二到周五12:00—15:00 ¥ £ @ www.pizzapilgrims.co.uk/the-van 🚇 地铁中央线、北线：Tottenham Court Road站）这家店就出现在贝里克街市场（Berwick Street Market @ www.berwickstreetlondon.co.uk/the-market）上。

路边的甜食

在传统的Routemaster双层巴士上，您可以边吃甜食边欣赏风光。在90分钟内，您可以喝着下午茶，吃着烤饼和三明治，远望大本钟、白金汉宫、海德公园和其他景点。BB面包巴士（BB Bakery Bus）的旅行（¥ 45英镑起，根据座位、日期和时间变化价格不同 ☎ 020 30 26 11 88 @ www.b-bakery.com/afternoontea/afternoontea-bus-tour）必须提前预订。从诺森伯兰大街（折页 K7）（Northumberland Av.）8号出发，每天12:30和15:00可乘车前往（🚇 地铁贝克鲁线、北线：Charing Cross站）。游客也可以前往维多利亚长途汽车站（折页 G9）（🕐 每日12:00、14:30、17:00发车，周五、周六发车时间增加13:00和15:30 🚇 地铁环城线、区域线：Victoria站）。

孟买感觉

嗡嗡转着的吊扇，昏暗的灯光：★Dishroom咖啡厅（折页 P3）[🏠 7 Boundary Street 🕐 周一至周五8:00—23:00，周六、周日9:00开始营业 ¥ £~££ ☎ 020 74 20 93 24 🚇 伦敦地上铁（Overground）：Shoreditch High Street站]的气氛像印度美食那样温暖，这里有唐杜里烧烤、比尔雅尼菜、英式印度早餐和殖民地风格的美丽阳台。

美食

规则餐厅：伦敦最古老的饭店

英国菜

贝尔格莱维亚区的博伊斯代尔饭店（Boisdale of Belgravia）★（折页G9）

这里适合美食鉴赏家，菜品有龙虾、鲑鱼和羊肉等，饭后有威士忌和粗粗的哈瓦那雪茄。用餐与夜间现场爵士音乐完美结合。🏠 15 Eccleston Street ⏰ 周一到周五12:00—次日1:00，周六18:00开始营业 ¥ ££~£££ ☎ 020 77 30 69 22 @ www.boisdale.co.uk 🚇 地铁环城线、维多利亚线：Victoria站

霍克斯莫尔会馆（Hawksmoor Guildhall）（折页N-O5）

适合吃牛排的地方，菜量很大。在充满艺术气息的灯光下，人们可以享用丰盛的早餐。🏠 10 Basinghall Street ⏰ 周一到周五7:00—10:00、12:00—15:00、17:00—22:30 ¥ ££~£££ ☎ 020 73 97 81 20 @ www.thehawksmoor.com 🚇 Bank站、St. Paul's站、Moorgate站

公园旅馆（Inn the Park）★（折页J7）

位于圣詹姆斯公园池塘边，通风很好，从早到晚都弥漫着美食的味道（需要提前预订）。请一定要品尝搭配牛油果吃的康沃尔蟹！⏰ 周一到周五8:00—11:00、12:00—21:00，周六、周日9:00开始营业 ¥ ££ ☎ 020 74 51 99 99 @ www.peytonandbyrne.co.uk/inn-the-park 🚇 地铁贝克鲁线、北线：Charing Cross站

伦敦

柏图斯餐厅（Petrus）（折页F8）

这家戈登·拉齐姆（Gordon Ramsay）开的米其林星级餐厅试图反驳人们对它的批评。您可以在艺术氛围的装饰中享用现代法国美食。多花些钱可以在厨房里的厨师桌上预订一个座位！🏠 1 Kinnerton Street ⏰ 周一到周六12:00—14:15和18:30—22:15，周日开到21:30 ¥ £££ 📞 020 75 92 1609 @ www.gordonramsay.com 🚇 地铁皮卡迪利线：Knightsbridge站

波披士（Poppies）（折页Q4）

早在这个城区变得时髦之前，波普纽兰（Pop Newland）就为东区提供了有品质保证的 ● 鱼和薯条。这儿的鱼很新鲜，来自比林斯盖特（Billingsgate）海鲜市场。🏠 6~8 Hanbury Street ⏰ 每天11:00—23:00 ¥ £ 📞 020 72 47 08 92 @ www.poppiesfishandchips.co.uk 🚇 地铁北线：Liverpool Street站、Old Street站

烧烤店（Roast）（折页O6）

除了博罗市场（Borough Market）的花卉厅（Floral Hall），还能在哪里更好地了解英国食品呢？对于早起的人来说，有烟熏鱼（kippers）和米饭配鱼（kedgeree），中午有烤牛肉和约克郡布丁。🏠 Stoney Street ⏰ 周一到周五7:00—15:45、17:30—22:45，周六8:30—15:45、18:00—22:45，周日11:30—18:30 ¥ ££ 📞 020 30 06 61 11 @ www.roast-restaurant.com 🚇 London Bridge站

Rock & Sole Plaice（折页K5）

您可以在伦敦古老的薯条餐厅（Chippie）品尝鱼和薯条。这里1871年开始营业，可以外带。🏠 47 Endell Street ⏰ 每天12:00—23:00 ¥ ££ 🚇 地铁皮卡迪利线：Covent Garden站

规则餐厅（Rules）（折页K6）

厚重的窗帘、天鹅绒椅套，以及墙上挂着的木制镶板、油画和狩猎奖杯——自1798年以来，像一个古老的英国乡间别墅一样，规则餐厅一直提供精致的英国菜，尤为出名的是野味和鲑鱼。在线最多能为6个人预订座位。🏠 35 Maiden Lane ⏰ 周一到周六12:00—23:45，周日到22:45 ¥ ££ 📞 020 78 36 53 14 @ www.rules.co.uk 🚇 地铁皮卡迪利线：Covent Garden站

当地佳肴 小屋餐厅（The Shed）🌱（折页B7）

在乡村氛围浓厚的棚屋中有一对兄弟组合，他们使用西萨塞克斯郡家庭农场的食材烹制本土正宗美食。🏠 122 Palace Gardens Terrace ⏰ 周二到周六12:00—15:00、18:00—23:00 ¥ £ 📞 020 72 29 40 24 @ www.theshed-restaurant.com 🚇 地铁中央线：Notting Hill Gate门站

辛普森滨河餐厅（Simpson's in the Strand）（折页K6）

人们在这里用本地的香料烹调美味，至今已超过185年。这里的口味和做法是很老派的。查尔斯·狄更斯曾经在这里吃饭。在英伦俱乐

美食

部氛围中，一天开始于含有坎伯兰香肠、培根、鸡蛋和西红柿的早餐中。🏠 100 Strand 🕐 周一到周五7:15—10:30，周一到周六12:00—14:45、17:45—22:30，周日12:00—21:00 ¥ ££ ☎ 020 78 36 91 12 🚇 地铁贝克鲁线、北线：Charing Cross站

圣约翰餐厅（St. John）（折页 M4）

您尝过牛心、羊舌、腰子吗？这个肉食爱好者的天堂主要烹饪内脏，这个店位于克勒肯维尔的史密斯菲尔德（Simithfield）肉市附近。🏠 26 St. John Street 🕐 周一到周五12:00—15:00，周一到周六18:00—23:00，周日12:30—16:00 ¥ ££ ☎ 020 72 51 08 48 @ www.stjohnrestaurant.com 🚇 地铁环城线、汉默史密斯及城市线、大都会线：Farringdon站

欧洲风味

L'Autre Pied（折页 G5）

首席厨师马丁·梅哲（Martin Major）在简约实用的氛围中，创造出不同寻常的味觉组合。午餐或观看戏剧前的餐点都是人们可以支付得起的星级美食，两道菜和三道菜的价格分别为24英镑和29英镑，素食者可以单点菜肴。🏠 5-7 Blandford Street 🕐 周一到周日12:00—14:30，周一到周六18:00—22:30 ¥ ££~£££ ☎ 020 74 86 96 96 @ www.lautrepied.co.uk 🚇 地铁贝克鲁线：Baker Street站

通风的环境，重口味的饮食

美景宫（The Belvedere）（折页 A8）

请您在屋顶阳台上预订一张桌子，欣赏荷兰公园（Holland Park）的美景，品尝法国美食。请记得预订！周五两道菜或者三道菜的套餐价格分别为18英镑和22英镑。🏠 Holland Park, Eingang Abbotsbury Road 🕐 周一到周六12:00—14:30、18:00—23:00，周日12:00—15:30 ¥ ££ ☎ 020 76 02 12 38 @ www.belvedererestaurant.co.uk 🚇 地铁中央线：Holland Park站

小酒馆联盟（Bistro Union）（折页 O）

克拉伯姆（Clapham）的乡村小酒馆供应早午餐，酒吧小吃和晚间的英、美及法国料理，如鳕鱼配豌豆沙拉。🏠 40 Abbeville Road 🕐 周一到周六9:30—22:00，周日17:30—18:30 ¥ £ ☎ 020 70 42 64

伦敦

00 @ www.bistrounion.co.uk 🚇 地铁北线：Clapham South站

泽德酒馆（Brasserie Zedel）（折页J6）

位于地窖里，氛围像在巴黎一样。这里的法国菜价格便宜。两道菜的套餐价格10英镑以下。🏠 20 Sherwood Street 🕐 每天21:30以后有现场音乐表演，周一到周六11:30—24:00，周日到23:00 ￥ £~££ 📞 020 77 34 48 88 @ www.brasseriezedel.com 🚇 地铁北线、贝克鲁线：Piccadilly Circus站

素描教室（The Lecture Room at Sketch）（折页H6）

这座美食殿堂已经收获了两颗米其林星，为客人提供美味的快餐午餐和套餐（也适用于素食者）。请记得提前预订！在糕点大堂里，人们可以坐在路易十五式的扶手椅上。🏠 9 Conduit Street 🕐 周二到周五12:00—13:30，周二到周六19:00—23:00 ￥ £££ 📞 020 76 59 45 00 @ www.sketch.uk.com 🚇 地铁贝克鲁线、中央线、维多利亚线：Oxford Circus站

普林奇（Princi）（折页J5）

位于索霍的一家红火的店，有最好的比萨和 当地推荐➤ 米兰法式蛋糕。糕点很适合作为周日的早午餐（从11:00开始）。如果店里人太多，可以外带。🏠 135 Wardour Street 🕐 每天8:00—23:00 ￥ £ 📞 020 74 78 88 88 @ www.princi.com 🚇 地铁中央线、贝克鲁线、维多利亚线：Oxford Circus站

真正的希腊餐厅（The real Greek）（折页K5-6）

这个名字说明了一切：在热闹的氛围中，提供友好的服务和美味佳肴，如羊排、哈罗米（halloumi）芝士串或正宗的松香酒（retsina）。餐厅位于伦敦市中心，却让人感觉仿佛置身希腊。建议提前预订。🏠 60~62 Long Acre 🕐 周一到周六12:00—23:00，周日到22:30 ￥ £ 📞 020 72 40 22 92 @ www.therealgreek.com 🚇 地铁皮卡迪利线：Covent Garden站

撒丁岛餐厅（Sardo）★（折页H4）

属于两个人的浪漫夜晚，或与朋友一起参观：撒丁岛餐厅将为您提供撒丁岛意面（Malloreddus）、意面（配料为鱼子酱和橄榄油）或扁面条（含蟹肉和辣椒）。🏠 45 Grafton Way 🕐 周一到周五12:00—15:00，周一到周六18:00—23:00 ￥ ££ 📞 020 73 87 25 21 @ www.sardo-restaurant.com 🚇 地铁环城线、汉默史密斯及城市线、大都会线：Warren Street站

七星雅柏餐厅（Seven Park Place）（折页H7）

受祖母的影响，威廉·德拉布尔（William Drabble）对烹饪充满热情。在英国著名酒店工作之后，他自2009年以来一直在圣詹姆斯酒店用最好的英国食材烹饪法国美食，并且多次获奖。两道菜的午餐售价26.5英镑。🏠 7~8 Park Place 🕐 周二到周六12:00—14:00、19:00—22:00 ￥ £££ 📞 020 73 16 16 15 @ www.stjameshotelandclub.com 🚇 地铁维多利亚线、皮卡迪

美食

线、银禧线：Green Park站

世界美食

布里克斯顿村市场（Brixton Village Market）

在市场大厅里就可以完成世界各地的美食发现之旅。兰妈妈（Mama Lan）店里供应手工制作的北京饺子，馅料是鱼或肉。在联合餐厅（The Joint）店里，来自坏男孩面包店（Bad-Boy's Bakery）的面包里会塞进辣鸡翅，这种食品现在广受欢迎。诚信汉堡（Honest Burgers）的各种食品都非常美味，对素食者也是如此。Okan提供来自大阪的日本街头美食。🏠 Coldharbour Lane 🕐 每天12:00开始营业 ¥ £ @ www.wearebrixtonvillagelondon 🚇 地铁维多利亚线：Brixton站

Busaba Eathai（折页J5）

在这里您可以不受约束地吃，就是有时噪声有些大。🏠 106-110 Wardour Street 🕐 每天12:00—23:00，周日到22:30 ¥ £ 📞 020 72 55 86 86 @ www.busaba.com 🚇 地铁贝克鲁线、皮卡迪利线：Piccadilly Circus站

客家人餐厅（Hakkasan）（折页J5）

这家拥有米其林星级的中式餐厅隐藏在一条小街上，请尝尝配香槟和蜂蜜的鳕鱼。周日中午12:00后有点心供应，提供季节性的6道菜午餐，58英镑起，包括鸡尾酒（够至少2人享用）。🏠 8 Hanway Place 🕐 每天12:00—15:00、17:30—23:15，周四到周六营业到次日0:30 ¥ £££ 📞 020 79 27 70 00 www.hakkasan.com 🚇 地铁中央线、北线：Tottenham Court Road站

鹰嘴豆泥兄弟（Hummus Bros）（折页J5-6）

这个餐馆对稍微有些饿的人来说是一个良好的休息场所，这可是寻找新鲜和廉价美食的好去处：在皮塔饼面包（pita bread）上浇上以芝麻糊打底的各种冷热酱料食用。🏠 88 Wardour Street 🕐 每天营业 ¥ £ 📞 020 77 34 13 11 @ www.hbros.co.uk 🚇 地铁贝克鲁线、皮卡迪利线：Piccadilly Circus站

J & A咖啡厅（J & A Café）（折页M4）

在这个隐秘的咖啡厅，您将吃到像自家做的一样的茶和手工蛋

省钱有道

在一些顶级餐厅，午间套餐价格比较便宜，套餐比单点便宜。在 @ www.standard.co.uk 和 @ www.london-eating.co.uk 上可以比价。

利巴纳斯餐厅（Comptoir Libanais）（折页G5）以公道的价格供应黎巴嫩美食推荐美味：温暖的拼盘小吃（Mezze）和石榴柠檬水。🏠 65 Wigmore Street 🕐 每天8:00—22:30 📞 020 79 35 11 10 @ www.lecomptoir.co.uk 🚇 地铁中央线：Bond Street站

伦敦

特色美食

麦芽啤酒（Ale）——顶级发酵的英国啤酒，伦敦人最喜爱的品牌是伦敦之巅（London Pride）。

香肠和土豆泥（Bangers & Mash）——经常能在酒吧里找到，比如牧羊派（Shepherd's Pie），这是一种羊肉或牛排的砂锅，上面涂有土豆泥。

Cider——天然苹果酒。

薯片（Crisps）——全国流行的小吃，不要与薯条（chips）混淆！

烤饼（Crumpets）——带孔的圆形软酵母糕点，最好抹上烤过的盐焗黄油。

咖喱（Curry）——库尔马和马萨拉咖喱是温和的，马德拉斯咖喱是辣的，温达洛（Vindaloo）咖喱特别辣（上右图）。在吃咖喱之前，通常会吃扁豆、扁面包配腌菜（洋葱、酸辣酱），配以印度烤面包或薄煎饼，特别美味。

奶油蛋羹（Custard）——香草奶油，通常作为甜奶油的替代品，和苹果派、冰激凌或者水果蛋糕一起享用。

鱼和薯条（Fish & Chips）——著名的小吃：面包屑包裹的炸鱼和炸薯条，搭配盐和醋。

馅饼（Pie）——牛肉馅饼，维多利亚时代的快餐。

农夫午餐（Ploughman's Lunch）——经典的酒吧餐食：面包、黄油、奶酪和腌菜，经常配沙拉一起吃。

烧烤（Roast）——周日烤制食物套餐，烤牛肉或烤鸡肉配炸土豆和酱汁，在旅店的小酒馆和许多酒吧中供应。

三明治（Sandwiches）——面包片中夹有培根、生菜、番茄、鸡蛋、西洋菜、奶酪、番茄以及虾等。

烤饼（Scones）——软的面包涂上黄油、果酱和奶油（或者凝结的奶油，脱脂奶油），是传统下午茶的组成部分（上左图）。

美食

糕。周末和朋友们一起吃早午餐更有乐趣。🏠 4 Sutton Lane ⏰ 每天营业 ¥ £ 📞 020 74 90 29 92 @ www.jandacafe.com 🚇 地铁中央线、汉默史密斯与城市线：Barbican站

帕洛马尔（The Palomar）★（折页J6）

受到北非影响的以色列美食的现代创新，例如贝类搭配茴香或章鱼搭配鹰嘴豆。在酒吧前面，您可以看到厨师的创作。🏠 34 Rupert Street ⏰ 周一到周六12:00—14:30、17:30—23:00，周日12:00—15:30、18:00—21:00 ¥ £~££ 📞 020 74 39 87 77 @ www.thepalomar.co.uk 🚇 地铁皮卡迪利线、贝克鲁线：Piccadilly站

川宁茶旗舰店（Twinings Flagship Store）

川宁茶是最受英国人欢迎的茶，它是"英式饮茶"的代表，是英国最古老而经典的茶品牌之一，更是自1837年维多利亚女王将皇家御用茶委任书授予川宁后，沿袭至今的皇室御用茶。请多留一些时间在这里，打开属于你的茶盒，品味着馥郁优雅精致的茶香，让喝茶成为一种生活方式。🏠 R. Twinings and Co Limited & The Twinings Museum. 216 Strand, London WC2R 1AP ⏰ 周一至周五9:30—19:30，周六、周日11:00—18:00 ¥ 英式下午茶体验价格为每人48英镑，需提前预约 📞 020 73 53 35 11 @ https://www.twinings.co.uk/about-twinings/flagship-store-london-216-strand 🚇 Charing Cross站、Holborn站

客家人餐厅——中式星级餐厅

购 物

从这里出发

牛津街有很多大型百货商场，比如塞尔福里奇（Selfridges）、约翰·路易斯（John Lewis）、得本汉姆（Debenhams）。肯辛顿大街和金斯路也都很受欢迎。

尼尔晓（Neal's Yard）是另一个选择。卡纳比街（Carnaby Street）重新流行起来，红砖巷（Brick Lane）周围也有许多有趣的商店。科文特花园也是广受喜爱的去处。

购物是伦敦之行最大的乐趣之一，这里没有您找不着的东西。虽然伦敦是一个物价昂贵的地方，但是，可以在1月初和7月初换季清仓以及季中降价时讨价还价。

商店结束营业时间通常为20:00，周四通常为21:00。大多数位于市中心的商店周日营业时间为12:00—18:00。越来越多的商店附设咖啡馆。最高级的购物地点是澳大利亚连锁购物中心 ● 韦斯特菲尔德（Westfield @ www.westfield.com），它在伦敦有两个主要的购物中心——西伦敦和斯特拉特福市（Stratford，东伦敦），每个都有

> 这里有古老的传统和最新的时尚潮流，市场和美食，古董和纪念品。

350余家商店。快闪店（短期经营的时尚店铺 @ www.londonpopups.com）也十分流行。在邦德街（Bond Street）、斯隆街（Sloane Street）、诺丁山和东区 红教堂街（Redchurch Street）和 柴郡街（Cheshire Street）有许多别致的商店。20世纪60年代以来，★金斯路就是最受欢迎的购物街之一，而牛津街则是伦敦最著名的购物街。这里有很多百货商店，索普斯（Sops）是这里最重要的设计师。

马里波恩大街（Marylebone High Street）距离牛津街熙熙攘攘的人群不远，提供多种多样的选择：时尚的室内设计、各样化妆品、高档厨具、手提包、儿童服装、书籍和设计精美的家具。在科文特花园周围的尼尔街（Neal Street）和花街（Floral Street）有很多鞋店。查灵克罗斯路和施素

伦敦

凯思·金德斯顿：轻柔的颜色很流行

街（Cecil Street）沿线有独立书店。贝里克街（Berwick Street）吸引了很多独立音乐商店。市中心到处都是纪念品商店，售卖的都是些俗气的小饰品。位于白厅和海滩旁的酷不列颠尼亚商店（Cool Britannia @ www.coolbritannia.com）营业到23:00。博物馆商店提供更有品位的纪念品，比如艺术书籍和印刷品、文具、雨伞等。

文物

阿拉丁之洞（Silver Vaults）（折页L5）

古老的仓库中有30个商店，安装有安全门，柜台后面都是银制的汤匙、钟表、珠宝、餐巾圈、花瓶以及烛台等。这里有很独特的购物体验！🏠 Chancery House，53~64 Chancery Lane 🕐 周一到周五9:00—17:30，周六9:00—13:00 @ www.thesilvervaults.com 🚇 地铁中央线：Chancery Lane站

书籍

书海书店（Any Amount of Books）（折页J6）

宽敞、老式的二手书天堂。🏠 56 Charing Cross Road 🕐 10:30—21:30 @ www.anyamountofbooks.com 🚇 地铁北线、皮卡迪利线：

购物

Leilerster Square站

东特书店（Daunt Books）（折页 G4）

一个世纪以来，旅行书迷们一直在这家拥有长长的橡木画廊和天窗的美丽书店寻找明信片和二手书。🏠 83 Marylebone High Street 🕙 周一到周六9:00—19:30，周日11:00—18:00 @ www.dauntbooks.co.uk 🚌 地铁中央线：Bond Street站

福叶尔书店（Foyles）●（折页 J5）

这座独立的书屋已经向现代化迈进了一步：这家37 000平方米的8层书店通风很好，尽管藏有20万本书，还是有足够的空间可供阅览。在5楼的咖啡厅，您可以享用午餐并上网，同时喝杯浓缩咖啡。🏠 107 Charing Cross 🕙 周一到周六9:30—21:00，周日12:00—18:00 @ www.foyles.co.uk 🚌 地铁中央线、北线：Totten Court Road站

"啊！"漫画书店（Gosh!）（折页 J5-6）

鉴赏家和漫画迷将在这里找到乐趣：这里全部都是漫画小说！在地下室，您可以找到单行本的漫画书。🏠 1 Berwick Street 🕙 每天10:30—19:00 @ www.goshlondon.com 🚌 地铁中央线、北线：Tottenham Court Road站

礼物/饰品

凯思·金德斯顿（Cath Kidston）（折页 K5）

20世纪50年代风格的花卉、圆点图案和条纹印花图案仍然是英国杂志的最爱。这里有包包、围裙、毛巾、布料、餐具等几个分支柜台。🏠 28~32 Shelton Street 🕙 周一到周六10:00—19:00，周日12:00—18:00 @ www.cathkidston.co.uk 🚌 Covent Garden站

陶瓷蓝（Ceramica Blue）（折页 O）

法国粗陶、西班牙赤陶、精美的英国瓷器在这里熠熠生辉，交相辉映。像戈登·拉姆齐（Gordon Ramsay）和尤塔姆·奥拓朗（Yotam Ottolenghi）这样的顶级厨师在这里开设了餐厅。🏠 10 Blenheim Crescent 🕙 周一到周六10:00—18:30，周日12:00—17:00 @ www.

值得一游

★ **金斯路**
自从20世纪60年代就深受喜爱的购物街。→ P.79

★ **巧克力旅馆**
用自家的可可粉做出的精致巧克力。→ P.85

★ **哈罗德商场**
您一定要看看这家百货公司！→ P.83

★ **利伯蒂**
这里的商品都很精美，您会有独特的购物体验！→ P.84

★ **福特纳姆 & 梅森百货**
没有比这里更正宗的英国美味了。→ P.84

★ **红砖巷市场**
伦敦最流行的街边市场。→ P.86

伦敦

ceramicablue.co.uk 🚇 Ladbroke Grove站

当代应用艺术店（Contemporary Applied Arts）（折页N7）

英国人在工艺品制作方面处于领先地位，其工艺品具有现代感。在这个社区画廊中，您能找到300位顶级工匠和艺术家的独特作品：珠宝首饰、金属、木材、陶瓷、玻璃以及纺织品制品。🏠 89 Southwark Street ⏰ 周一到周六10：00—18：00 @ www.caa.org.uk 🚇 地铁银禧线：Southwark站

希望与绿林（Hope & Greenwood）（折页K5-6）

"就像一个甜品店里的孩子一样"——当有人沉浸在自己的世界里时，英国人通常这么表述。在科文特花园的这家英国甜品店，您会发现传统的糖果、美味的巧克力小圆糖、脆脆的奶油软糖、味道独特的甘草糖等。🏠 1 Russell Street @ www.hopeandgreenwood.co.uk 🚇 地铁皮卡迪利线：Covent Garden站

劳工与侍者（Labour & Wait）（折页P3）

传统五金店的现代版，出售有品位、雅致又实用的物品。店铺在时尚的东区街道上，前身是酒吧。从拖把到英国工作服，这里所有的产品都有独特的风格。🏠 85 Redchurch Street ⏰ 周二到周五11：00—19：30，周六、周日到18：00 @ www.labourandwait.co.uk 🚇 地铁北线：Old Street站

玛雅（Maia）（折页Q2-3）

个性化定制的金银首饰，镶嵌有彩色宝石，价格实惠。精致的项链、摇摆的耳环、奢华的戒指，这里应有尽有。在玛雅，质量和诚信是销售原则。🏠 118 Columbia Road ⏰ 周日10：00—17：00 [在哥伦比亚路花卉市场（Columbia Road Flower Markets）期间]，周六12：00—17：00（要提前询问是否开放）@ www.maiashop.co.uk 🚇 地铁北线：Old Street站

省钱有道

时尚的伦敦人也喜欢二手店，如慈善商店（Charing Shops @ www.charityshops.org.uk），这些店通常位于像切尔西这样的时尚地区，如英国红十字会（折页E11）（British Red Cross 🏠 69 Old Church Street 🚇 地铁环城线、区域线：Sloane Square站）。

您可以在Forever 21（折页G5）找到适合年轻人的经济实惠的服装（🏠 360 Oxford Street ⏰ 周一至周六9：00—22：00，周日12：00—18：00 @ www.forever21.com 🚇 地铁银禧线、中央线：Bond Street站），在绝对复古店（折页P-Q5）（Absolute Vintage ⏰ 每天上午11：00—19：00 @ www.absolutevintage.co.uk 🚇 地上铁：Shoreditch High Street站）有便宜的复古服装。

购物

乌尔巴尼亚(Urbania)(折页Q4)

这里有花哨的手袋和帽子,以及饰品戒指和项链。乌尔巴尼亚在全球范围内寻找手工制作的配饰和珠宝,价格实惠,人们会在这里找到自己想要的东西。🏠 156 Brick Lane 🕐 每天10:00—19:00 @ www.urbiana.co.uk 🚇 地上铁:Shoreditch High Street站

百货公司

哈罗德商场(Harrodes)★(折页F8)

在晚上,这个百货大楼发出耀眼的光:12 000个灯泡照亮了宏伟的装有绿色遮阳篷的赤陶建筑表层。自1849年开业以来,哈罗德一直是伦敦重要的百货公司,商品包括时装、化妆品、玩具、家居用品和珠宝等。在华丽的青春艺术风格的食品大厅,摆满了龙虾、香槟酒、橘子果酱和英国茶。请您注意着装:穿运动短裤、人字拖、七分牛仔裤和吊带上衣的人是不受欢迎的。🏠 87~135 Brompton Road 🕐 周一到周六10:00—21:00,周日12:00—18:00 @ www.harrods.com 🚇 地铁皮卡迪利线:Knightbridge站

约翰·路易斯(John Lewis)(折页G-H5)

这座百货大楼创建于1864年,位于牛津街,最初是专卖窗帘面料的百货商店。如今,家居用品、时尚品牌、化妆品和电子产品分布在7个楼层。厌倦了购物?那么推荐您在夏天登上美丽的屋顶花园露台,或者在其

塞尔弗里奇:人们可以在转身之间找到多样的、设计时髦的服装

伦敦

中一个餐厅用餐。2008年,约翰·路易斯被选为"皇家供应商"。🏠 300 Oxford Street 🕐 周一到周六9:30—20:00,周日12:00—18:00 @ www.johnlewis.com 🚇 地铁中央线、维多利亚线:Oxford Circus站

利伯蒂(Liberty)★(折页 H5)

如果时髦的百货公司的楼梯、引人注目的都铎式半木结构外墙和美丽的室内大厅吱吱作响,您也不用感到奇怪。因为为了建造楼梯和走廊,利伯蒂百货公司使用了最后两艘英国木制战舰的横梁。这里的亮点是时装、地毯、配饰和不寻常的面料。著名的利伯蒂花纹印在笔记本、围巾、化妆包或跑步机上,供顾客购买。🏠 210~220 Regent Street 🕐 周一到周六10:00—20:00,周日12:00—18:00 @ www.liberty.co.uk 🚇 地铁贝克鲁线、中央线、维多利亚线:Oxford Circus站

塞尔弗里奇(Selfridges)●(折页 G5)

您只有两个小时的购物时间?塞尔福里奇百货公司是伦敦最好的一站式商店,有伦敦最受欢迎的设计师品牌、时尚的化妆品和美食,这里的亮黄色购物袋也是一个亮点。🏠 400 Oxford Street 🕐 周一到周六9:30—21:00,周日12:00—18:00 @ www.Selfridges.com 🚇 地铁银禧线、中央线:Bond Street站

经典

福特纳姆&梅森百货(Fortnum & Mason)★(折页 H6)

这家百货店非常英国化,自1707年以来就是如此。单单橱窗就称得上是艺术品!这里有柱子和吊灯的著名的美食餐厅是吸引游客的王牌。自1814年起,这里就是皇家用品供应商。还有时装、配饰、礼品和下午茶。🏠 181 Piccadilly 🕐 周一到周六10:00—21:00,周日12:00—18:00 @ www.fortnumandmason.com 🚇 地铁贝克鲁线、皮卡迪利线:Piccadilly Circus站

詹姆斯·史密斯伞店(James Smith & Sons)(折页 K5)

雨伞在多雨的伦敦非常有用。这

博罗市场:受欢迎的英国农场奶酪

购物

家家族企业成立于1830年，销售各种伞具，从为婴儿专门设计的儿童伞到遮阳伞，还有登山杖等货品。🏠 53 New Oxford Street 🕐 周一到周五10:00—17:45，周六到17:15 @ www.james-smith.co.uk 🚇 地铁中央线、北线：Tottenham Court Road站

化妆品

祖马龙（Jo Malone）（折页F9）

这里的王牌是独家的新潮香水，祖马龙拥有自己的香水系列及全套个人护理化妆品。🏠 150 Sloane Street 🕐 周一、周二、周六9:30—18:00，周三至周五到19:00，周日11:00—17:00 @ www.jomalone.co.uk 🚇 地铁环城线、区域线：Sloane Square站

尼尔氏（Neal's Yard Remedies）🌱（折页K5）

尼尔氏成立超过35年，以良好的有机化妆品与香薰疗法著称。产品仅含有天然成分。最早的商店位于科文特花园的尼尔院（Neal's Yard），在整个伦敦有多家分店。科文特花园分店常常爆满。🏠 15 Neal's Yard 🕐 周一到周六10:00—20:00，周日18:30闭店 @ www.nealsyardremedies.com 🚇 地铁皮卡迪利线：Covent Garden站；地铁中央线、皮卡迪利线：Holborn站，之后步行一小段路。

彭哈利根（Penhaligon's）（折页H7）

传统的香水屋，由维多利亚女王的调香师彭哈利根（W.H.Penhaligon）于1860年左右创立。肥皂和香水非常有名，"蓝铃花"（Bluebell）香水享誉世界。🏠 16~17 Burlington Arcade 🕐 周一到周六10:00—18:00，周日至17:30 @ www.penhaligons.com 🚇 地铁银禧线、维多利亚线：Green Park站

美食

阿尔及利亚咖啡店（Algerian Coffee Stores）（折页5-6）

这家索霍老店已经存在了130年之久。有80种咖啡，从平常的有机玻利维亚咖啡到著名的牙买加蓝山咖啡再到世界上最贵的猫屎咖啡，都可以在温馨的氛围中制作并享用。这里提供搭配咖啡和茶的糕点以及糖果。🏠 52 Old Compton Street 🕐 周一到周三、周六9:00—19:00，周四、周五到21:00 @ www.algcoffee.co.uk 🚇 地铁北线、皮卡迪利线：Leicester Square站

哈迪斯原创糖果店（Hardys Original Sweetshop）（折页K6）

在英国科文特花园的糖果天堂，你会发现传统糖果、巧克力圆糖、奶油软糖和甘草糖。🏠 25 New Row 🕐 周一到周六11:00—20:00，周日11:00—18:00 @ www.hardyssweets.co.uk 🚇 地铁皮卡迪利线：Leicester Square站

巧克力旅馆（Hotel Chocolat）⭐（折页K5）

一定不要错过在咖啡店尝试苦的液体巧克力。然后，您一定忍不住会购买精美的巧克力创意作品，例如巨型厚板（Giant Slabs）——超厚巧

伦敦

克力。该公司在加勒比地区拥有自己的可可种植园。在伦敦有25家分店。🏠 4 Monmouth Street 🕐 周一到周五8:00—20:00，周六10:00—20:00，周日12:00—19:00 📞 020 79 38 21 44 @ www.hotelchocolat.co.uk 🚇 地铁皮卡迪利线：Covent Garden站

唐宁茶（Twinings）（折页L5）

300年来，传统的茶叶一直在这个狭窄的木板装潢的商店出售，有几十个品种。最受欢迎的茶（袋装）可以单独购买。您可以在茶吧品尝散装的茶，欣赏装饰有店面历史图案的橱柜。🏠 216 Strand 🕐 周一到周五9:30—19:00，周六、周日10:00—17:00 @ www.twinings.co.uk 🚇 地铁环城线、区域线：Temple站

市场与街市

博罗市场（Borough Market）（折页O6）

自13世纪以来，这个地方就在出售水果和蔬菜。如今，这里汇集了来自世界各地的有机食品、奶酪、法式蛋糕、美味小吃、肉类、鲜鱼和特色菜。星期四这里不会太拥挤。产品售价较为便宜。🏠 Ecke Borough High Street/Stoney Street 🕐 周三到周五10:00—17:00，周六8:00—17:00 @ www.boroughmarket.org.uk 🚇 地铁银禧线、北线：London Bridge站

红砖巷市场（Brick Lane Market）★（折页Q3-4）

喜爱街头美食的朋友可以从贝斯纳格林街（Bethnal Green Road）南部到锅炉房（Boiler House）之间的地区得到满足。这里有很多摊位。在周末，您可以在摊位之间穿行，这些摊位售卖自行缝制的手工艺品、珠宝、二手货、黑胶唱片、鞋子，有大量的旧货。这里色彩鲜艳，人头攒动。市场的中心是老杜鲁门啤酒厂（Old Truman Brewery）。在周日的高档市场（只在周日），有很多复古时尚的物品。🕐 周六11:00—18:00，周日10:00—17:00 @ www.bricklanemarket.com 🚇 地上铁：Shoreditch High Street站

白老汇市场（Broadway Market）（折页R1）

这个星期六市场上有许多食品摊位和产于隆多田野公园（Londo Fields Park）和摄政运河之间区域的新鲜有机产品，很有伦敦风味。咖啡馆、古色古香的酒吧和原创设计师商店除了周六外的其他日子也开门营业。推荐您尝试美味的紫罗兰纸杯蛋糕（Violet's Cupcakes）。🕐 周六10:00—17:00 @ www.broadwaymarket.co.uk 🚇 地上铁：London Fields站

卡姆登市场（Camden Market）（折页G-H1）

色彩缤纷、奇思异想、人山人海——适合那些喜欢淘货并且不怕人多的人们。这里有首饰、衣服、各种风格的时髦设计，还有各种美食。艾米·怀恩豪斯的粉丝们可以找到她的纪念碑和摆着她典型姿势的雕像，或者前往她曾去过的酒馆霍利武器（Hawley Arms）。🏠 2 Castlehaven Road）。🕐 每天10:00起 @ www.

购物

camdenmarkets.org 🚇 地铁北线：Camden Town站

波托贝洛路市场（Portobello Road Market）（折页A5-6）

周六伦敦最大的古董街市，有旧货、水果和蔬菜；在西街（Westway）附近有设计师时装的二手店。最好从诺丁山尽头开始逛。🏠 Portobello/Golborne Road 🕐 周六9:00—19:00 @ www.portobelloroad.co.uk 🚇 地铁中央线、环城线、区域线：Notting Hill Gate站

斯皮特尔菲尔德市场（Spitalfields Market）（折页P4）

这里有连衣裙、珠宝首饰、手袋、贺卡等商品；周六的<mark>当地特卖</mark>风<mark>格市场</mark>（Style Market）上有设计师的独立品牌。🏠 65 Brushfield Street/Commercial Street 🕐 周一到周五10:00—17:00，周六从11:00开始，周日从9:00开始 @ www.visitspitalfields.co.uk 🚇 Liverpool Street站

时尚

大内密探（Agent Provocateur）（折页J5）

缎面、蝴蝶结和刺绣——这里售卖女式性感内衣。🏠 6 Broadwick Street 🕐 周一到周六11:00—19:00，周日12:00—17:00 @ www.agentprovocateur.com 🚇 地铁贝克鲁线、中央线、维多利亚线：Oxford Circus站

集体服装店（Collectif）（折页Q5）

摇滚乐或20世纪60年代的派对服装：20世纪五六十年代风格的新时尚——圆点花样、花卉图案，搭配夹克或连衣裙，都很实惠。🏠 58 Commercial Street 🕐 10:00—18:00 @ www.collectif.co.uk 🚇 地铁皮卡迪利线：Covent Garden站

丹佛街集市（Dover Street Market）（折页I6）

"美丽的混乱"是这个时尚购物市场的概念口号，由服装品牌"像个男孩"（Comme des Garçons）的日本老板川久保玲（Rei Kawakubo）设计的五层设计师时装大楼非常独特。🏠 18~22 Haymarket 🕐 周一到周六11:00—19:00，周日12:00—18:00 @ www.doverstreetmarket.com 🚇 地铁贝克鲁线、皮卡迪利线：Piccadilly Circus站

奥兰·凯利（Orla Kiely）（折页E10）

爱尔兰设计师奥兰·凯利（Orla Kiely）除了为著名品牌设计作品外，她还为自己的精品店设计时装、手袋、厨具等。20世纪60年代风格和叶子图形是这里商品的特色。她的客户包括威廉王子的妻子凯特王妃。🏠 207 King's Road 🕐 周一到周六10:00—18:30，周日12:00—17:00 @ www.orlakiely.com/uk 🚇 地铁环城线、区域线：Sloane Square站

69B 🌱（折页R1）

生态友好的时装听起来很酷。哈克尼的这家精品店不卖任何无聊的东西。这里还出售可持续理念的设计师品牌女鞋，比如Marimekko、Lanius、Beaumont Organic、

伦敦

Komodo。可以在周日参观完百老汇市场后前往。🏠 69B Broadway Market 🕐 周一到周五10:30—18:30，周六10:00—18:00，周日12:00—18:00 @ www.69bboutique.com 🚇 地上铁：London Fields站

音乐

HMV（折页F6）

拥有超过4 600平方米的零售空间，"他主人的声音"（His Master's Voice）是这里最大的商店。🏠 363 Oxford Street 🕐 周一到周六8:00—21:30，周日12:00—18:00 @ www.hmv.com 🚇 地铁银禧线、中央线：Bond Street站

粗糙交易唱片店（Rough Trade）●（折页Q4）

音乐商店有各种各样的独立、摇滚、舞蹈、乡村音乐，以及你可能从未听过的音乐种类。有专门收听的地方。传统的 当地倾听 ▶ 现场演奏会（Live Gigs）一般在晚上19:00开始，常常是免费的。店内服务很专业。🏠 91 Brick Lane, Old Truman Brewery 🕐 周一到周四9:00—21:00，周五、周六10:00—20:00，周日11:00—19:00 @ www.roughtrade.com 🚇 Liverpool Street站

鞋

耐克运动商店（Nike Running Store）（折页K5-6）

在伦敦有一些耐克商店，但只有在可以做步态分析的店才能找到最佳的跑鞋，这里还有运动服和配饰。您可以在每周的跑步俱乐部（Run Club）试穿鞋子，在线报名！🏠 14~15 Neal Street 🕐 周一到周六10:00—20:00，周日12:00—18:00 @ www.nike.com/gb/en_gb/c/countries/unitedkingdom 🚇 地铁皮卡迪利线：Covent Garden站

休息一下

您在 ● 卡撒水疗（折页D4）（Casa SPA 🏠 439 Edgware Road 🕐 周三到次周一上午11:00—次日1:00 📞 020 77 24 20 30 @ www.casaspa.co.uk 🚇 地铁贝克鲁线：Edgware Road站）感受到的氛围就像在《一千零一夜》里一样，它位于受阿拉伯影响的埃奇韦尔路（Edgware Road）上，这是该市少数几个真正的土耳其浴室之一。这里有蒸汽浴、粗糙的全身去角质橄榄硅质泥及蜂蜜洗发水。您也可以在 ● 棕榈阁川水疗（折页H5）（Palm Court Chuan SPA 🏠 1C Portland Palace, Regent Street 🕐 周二至周四上午11:00开始营业 ¥ 210英镑起，需预订 📞 020 76 36 10 00 @ www.short.travel/lon14 🚇 Green Park站）享受豪华的半日放松与茶疗，以及棕榈阁的盐桑拿、按摩、茶道和下午茶。

购物

新潮的女鞋

奥费思（Office）（折页 K5）

这里有有趣的款式、图案和材料的女式和男式鞋，满足各种需求。您可以找到像猎人穿的那样的橡胶长靴。🏠 尼尔街57号 🕐 周一到周六10:00—20:00，周日11:00—19:00 @ www.office.co.uk 🚇 地铁皮卡迪利线：Covent Garden站

培博尼塔与朋友（Peponita & Friends）（折页 Q3）

让脚自由呼吸！粗跟高跟鞋很舒适，女士甚至可以穿着它徒步旅行。设计复古，色彩大胆。🏠 160 Columbia Road 🕐 周四17:00—19:00，周五、周六12:00—15:00，周日9:00—17:00，周一到周三只接待有预约的客人 📞 077 73 08 03 37 @ www.peponita.com 🚇 地上铁：Hoxton站

唯我赤足（Vivobarefoot）👽（折页 K5-6）

就像赤脚跑步一样：除了极简主义的装饰，鞋子还有极薄的鞋底，采用环保的再生材料制成。🏠 64 Neal Street 🕐 周一到周六10:30—19:00，周日12:00—18:00 @ www.vivobarefoot.com/uk 🚇 地铁皮卡迪利线：Covent Garden站

夜生活

从这里出发

西区的皮卡迪利广场、莱斯特广场（Leicster Square）和科文特花园有密集的剧院、电影院、酒吧和俱乐部。卡姆登有更多的选择，时尚的伊斯灵顿大街（Islington High Street）是一个价格亲民的好去处。东区（霍斯顿、肖尔迪奇和达尔斯顿）隐藏着最时髦的俱乐部和酒吧。

在伦敦的戏剧舞台上，您可以看到本尼迪克特·康伯巴奇、凯文·斯派西或者是凯拉·奈特莉等著名演员。伦敦的俱乐部和年轻的英国音乐家定义了潮流。酒吧是人们的第二个客厅，下班之后，人们常常在那里喝杯饮料。顶级交响乐团、舞蹈团和音乐剧为人们的娱乐提供了选择，伦敦的夜生活一点儿也不乏味！

在酒吧，您点菜后需立即付款，不需支付小费。一品脱约合0.5升。男士不愿意被别人发现自己只喝半份饮品！酒精饮料仅对18岁以上的客人供应，仅有少数酒吧允许儿童进入。传统的肮脏破败的酒吧慢慢都发展成了美食酒吧，有啤酒和美食。常规营业

上图：莱斯特广场

多元化都市——传统的酒吧,激动人心的音乐剧,顶级古典音乐会,时尚俱乐部。

时间为周一到周六11:00—23:00,周日12:00—22:30,一天的结束总是伴随着"最后一轮!"的呼喊声和"快点喝完!"的催促声。各家俱乐部,从超级俱乐部到小型地下室DJ酒吧,都追赶着迅速变化的潮流趋势。为高科技舞曲,嘻哈(Hip-Hop),节奏蓝调(R&B),电子乐和回音贝斯电子乐(dubstep)举行的时尚俱乐部之夜都在不断变化的场地举行。

莱斯特广场附近有配备最好音响设备的最昂贵的首映电影院,门票价格为14~24英镑;在下午(日场)和周一,票价更便宜。如果您能跟上快速的英语口语,可以尝试去伦敦的150个喜剧俱乐部中的一个或者参加一个有脱口秀或即兴喜剧的酒吧之夜。Time Out活动杂志是这个城市的"心率监测器",提供包括免费活动(免费赠品)等夜生活的出

伦敦

全明星球道：就像美国运动酒吧，只是更高级一点

行建议（周二在中央地铁站售卖杂志 @ www.timeout.com/london）。免费的报纸 Evening Standard（@ www.standard.co.uk）为您提供关于音乐会、音乐剧等的信息。

酒吧

完全冰吧（Absolut Ice Bar）（折页 H6）

一个很冷很酷的地方。这个瑞典冰吧在英国伦敦的分店全年零下5℃。除了天花板，其他东西都是用冰制成的：墙壁、桌子、装饰以及酒杯。🏠 31~33 Heddon Street 🕐 每天开放 ¥ 13.5~16.5英镑，包含鸡尾酒 📞 020 74 78 89 10 @ www.icebarlondon.com 🚇 地铁皮卡迪利线：Piccadilly Circus站

全明星球道（All Star Lanes）（折页 K4）

在这里，不仅仅是安安静静地打球：在这个精品保龄球馆，人们打保龄球时，常常会喝一杯香槟或薄荷鸡尾酒。在时尚的肖尔迪奇的红砖巷还有一个分店。🏠 Bloomsbury Place, Victoria House 🕐 周一到周四15:00开始，周五12:00开始，周六、周日11:00开始，📞 020 70 25 26 76 @ www.allstarlanes.co.uk 🚇 地铁中央线、皮卡迪利线：Holborn站

夜生活

无名酒吧（The Bar With No Name）★（折页M1）

伊斯灵顿著名的鸡尾酒吧，由托尼·科尼各里安罗（Tony Conigliaro）建造，兼具艺术和时尚。花10.50英镑买一杯特调的鸡尾酒是一个不错的交易！请您提前预订！🏠 69 Colebrooke Row ⏰ 从17:00开始 📞 075 40 52 85 93 @ www.69colebrookerow.com 🚇 Nothern Angel站

康诺酒吧（Connaught Bar）★（折页G6）

康诺酒吧被称为伦敦最好的酒店酒吧之一。它的装饰艺术风格散发着奢华与优雅的气息。请您选择一个舒适的沙发，舒服地窝在里面。请您像邦德一样，点一杯马提尼酒，然后在广场上的电车里把酒充分摇匀。🏠 16 Carlos Place, 16 Ecke Mount Street ⏰ 每天16:00开始营业 📞 020 73 14 34 19 @ www.theconnaught.co.uk 🚇 地铁中央线、银禧线：Bond Street站

弗兰克咖啡馆（Frank's Cafe）

这是一个带有颓废时尚风格的露天酒吧，推荐您在佩克汉姆的废弃停车场的屋顶上品尝鸡尾酒（¥6英镑起）。屋顶上是观看日落的极佳位置，可以看到伦敦全景。在粗糙的木桌上，您可以在温暖的夜晚享用啤酒、葡萄酒和苹果酒。如果下雨，店里会撑起红色的防水油布。🏠 95a Rye Lane, Peckham Multi Store Carpark 10层，入口在电影院附近 ⏰ 夏季到10月1日，周二到周五17:00—23:00，周六、周日11:00开始 @ www.frankscafe.org.uk 🚇 地上铁：Peckham Rye站

幸福失忆酒吧（Happiness Forgets）（折页P3）

隐藏在时尚的肖尔迪奇的隐秘地下酒吧。灯光、舒适的扶手椅、复古家具营造出温馨的氛围，友好的工作人员为您鸡尾酒的选择提供建议。推荐您试试东京柯林斯（Tokyo Collins）鸡尾酒和日本版汤姆柯林斯（Tom Collins）鸡尾酒。这个热门的去处需要提前预订！🏠 8~9 Hoxton Square ⏰ 每天17:00—23:00 📞 020 76 13 03 25 @ www.happinessforgets.com 🚇 地铁北线：Old Street站

值得一游

★ **无名酒吧**
有很棒的鸡尾酒的小酒吧。→ P.93

★ **康诺酒吧**
有上等鸡尾酒的充满情调的酒店酒吧。→ P.93

★ **内阁之声**
巴士停车场的舞会：嗨跳整夜！→ P.94

★ **英国国家歌剧院**
为古典乐爱好者提供的感官盛宴。→ P.98

★ **黑衣修士酒馆**
时尚的酒吧邀请您进去小坐一下。→ P.99

★ **空中客车**
有许多啤酒选择的精致小酒吧。→ P.94

伦敦

希克斯的马克酒吧（Mark's Bar at Hix）（折页 H/J6）

希克斯索霍（Hix Soho）餐厅的地下室隐藏着鸡尾酒真正的"宝藏酒吧"。调酒师根据古老的配方，混合、搅拌着精致的饮品。这里每月会举办一次舞会。🏠 66~70 Brewer Street 🕐 每天12:00开始 📞 020 72 92 35 18 @ www.hixrestaurants.co.uk/restaurant/marks-bars 🚇 地铁皮卡迪利线、贝克鲁线：Piccadilly站

Permit Room at Dishoom King's Cross（折页 K1-2）

酒吧位于粮仓广场（Granary Square）最近的场地上。在凉爽的维多利亚式工业建筑中，深色木质、绿色皮革长凳和灯光营造出良好的氛围。经历进入口处的长队后，接下来就可以品尝到优质的杜松子酒鸡尾酒。🏠 5 Stable Street 🕐 每天开放 📞 020 74 20 93 21 @ www.dishoom.com/kingscross 🚇 地铁维多利亚线、北线：Tube King's Cross站

空中客车（Skylounge）★ ∠（折页 P6）

酒吧位于伦敦塔顶层的希尔顿双树酒店（Double Tree Hilton），享有伦敦南岸、泰晤士河、伦敦塔桥、碎片大厦和圣保罗大教堂的全景视野。夏天，在相邻的屋顶露台上用餐更加凉快。酒吧里面可以预留桌子。🏠 7 Pepys Street 🕐 周一到周六11:00~次日2:00，周日到次日1:00 📞 020 77 09 10 43 @ www.doubletree3.hilton.com 🚇 地铁中央线、区域线：Tower Hill站

俱乐部

终于来了！伦敦"夜猫子"们期待已久的夜车！周五、周六，地铁维多利亚线、中央线、银禧线、北线和皮卡迪利线的俱乐部全天候提供服务。人们可以在 @ www.latenight london.co.uk或 @ www.designmynight.com上找到夜生活信息。

水族俱乐部（Club Aquarium）（折页 O3）

设有游泳池和按摩浴缸的舞池。每天变换音乐和宴会：周四是排行榜上的热歌，周五是电661科技乐，周六是20世纪七八十年代的迪斯科音乐。🏠 256~260 Old Street 🕐 周四23:00到次日6:00，周五、六到次日7:00 ¥ 15英镑起 📞 077 96 85 78 08 @ www.clubaquarium.co.uk 🚇 地铁北线：Old Street站

内阁之声（Ministry of Sound）★ ●（折页 N8）

这里以前是一个公共汽车站，有几个舞池，周末异常热闹（🕐 22:30至次日6:00 ¥ 入场费22英镑起）。舞池The Box有环绕立体声，而舞池103 Bar有酒水饮料、周五有The Gallery——迷幻之夜，周六有电子科技舞曲，周四为学生们提供便宜的奶昔宴会。🏠 103 Gaunt Street 🕐 22:00~次日3:00 ¥ 9英镑起 📞 020 77 40 86 82 @ www.ministryofsound.com 🚇 地铁北线、贝克鲁线：Elephant & Castle站

夜生活

简陋的别致：地下村举行的音乐会很受欢迎

Supa Dupa Fly

您在寻觅伦敦的聚会之夜吗？您喜欢20世纪90年代和21世纪初的节奏布鲁斯，嘻哈和车库摇滚（Garage Rock）音乐吗？如果答案是肯定的，请您在线查看聚会位置，因为它每周更换举办地。这个国家最好的女DJ之一艾米莉·罗森（Emily Rawson）会有现场表演，有时也会有现场乐队表演。聚会地点通常在卡姆登、达尔斯顿、肖尔迪奇和布卢姆斯伯里。🕐 周五、周六21:00—次日3:00 ¥ 在线预订，入场费5.5英镑起 @ www.supadupaflylove.com，www.facebook.com/supadupaflylove

地下村（Village Underground）（折页 P4）

如果您发现了外墙的涂鸦和屋顶上丢弃的彩色地铁车厢，那您就来对地方了：这个废弃的维多利亚式的仓库为电子、嘻哈和独立音乐提供现场音乐会的场地，各种各样的人，包括哥特摇滚乐爱好者、嬉皮士和时尚女孩在这里度过他们的特别俱乐部之夜。🏠 54 Holywell Lane 🕐 19:30 开始 ¥ 15英镑起 📞 020 74 22 75 05 @ www.villageunderground.co.uk 🚇 地上铁：Shoreditch High Street站

XOYO俱乐部（折页 O3）

俱乐部位置很好，位于肖尔迪奇。两个舞池上有很好的DJ。顶级DJ经常在周六夜晚出场，活动期为3个月。🏠 32~37 Cowper Street 🕐 周五、周六21:00—次日4:00 ¥ 5~19英镑 📞 020 76 08 28 78 @ www.

伦敦

xoyo.co.uk 🚇 地铁北线：Old Street站

喜剧

喜剧商店（The Comedy Store）（折页J6）

在20世纪70年代早期形成的喜剧俱乐部到现在仍然流行，为您提供另类的喜剧表演。🏠 1a Oxendon Street ⏰ 每天18:30开始 ¥ 14～26英镑 📞 084 48 71 76 99（*）@ www.thecomedystore.co.uk 🚇 地铁贝克鲁线、皮卡迪利线：Piccadilly Circus站

省钱有道

在查尔斯王子电影院（折页J6）（Prince Charles Cinema 🏠 Chinatown, 7 leicester Place ¥ 8.5英镑起 📞 020 74 94 36 54 @ www.princecharlescinema.com 🚇 地铁北线、皮卡迪利线：Leicester Square站）可以观看正在上映的影片、经典影片和文艺片。

当晚的半价票（加3英镑）可在Tkts剧院售票处（@ www.tkts.co.uk）购得。Tkts莱斯特广场（折页J6）（Tkts Leicester Aquare ⏰ 周一到周六9:00—19:00，周日11:00—16:30 🚇 地铁北线、皮卡迪利线：Leicester Square站）。下午（日场）和晚上的门票在两个不同的窗口出售（每人限购2张门票）。

电影院

伦敦艾麦克斯影院（BFI London IMAX Cinema）（折页L7）

您将在全英国最大的屏幕上观看3D电影和歌剧：这个屏幕足足有26米长！🏠 1 Charlie Chaplin Walk, South Bank ¥ 19～22英镑 📞 020 79 28 32 32 @ www.bfi.org.uk/bfiimax 🚇 Waterloo站

英国电影协会（British Film Institute）（折页L7）

经典电影、院线电影和导演特别电影——影迷在这里会发现大量的佳作。年度活动。1月伦敦电影节将上映约2 000部电影，其中包括很多全新的影片。在●媒体库（Mediathek ⏰ 周二到周六12:00—20:00，周日12:30—20:00），人们在温暖舒适的环境中看电影。🏠 South Bank ⏰ 每天9:45—23:00 📞 020 79 28 32 32 @ www.bfi.org.uk 🚇 Waterloo站

音乐会与演奏会

巴比肯（Barbican）（折页N-O4）

在这个迷宫般的建筑群中，即使是当地人也会迷失方向。这个文化中心是伦敦交响乐团的所在地，提供精彩多样的音乐会、展览和戏剧节目。🏠 Silk Street ¥ 10～65英镑 📞 020 76 38 88 91 @ www.barbican.org.uk 🚇 地铁环城线、汉默史密斯与城市线、大都会线：Barbican站

夜生活

卡多根音乐厅（Cadogan Hall）（折页F9）

音乐厅位于一座塔顶教堂内，以前由波士顿基督教会（Boston Church of Christ）使用。有各种高品质的音乐风格。🏠 5 Sloane Terrace 📞 020 77 30 45 00 @ www.cadoganhall.com 🚇 地铁环城线、区域线：Sloane Square站

罗尼斯科特（Ronnie Scott's）（折页J5）

在索霍的传奇爵士乐俱乐部，迈尔斯·戴维斯（Miles Davis）、贝西公爵（Count Basie）等著名音乐家都在此演出。🏠 47 Frith Street ⏰ 周一到周六18:00—次日3:00，周日18:00—24:00，周日午餐时间的音乐会12:00—16:00 ¥ 15英镑起 📞 020 74 39 07 47 @ www.ronniescotts.co.uk 🚇 地铁北线、皮卡迪利线：Leicester Square站

漩涡爵士俱乐部（Vortex Jazz Club）

近30年来专注于表演现代爵士乐的地方。凭借著名的音乐家，该俱乐部赢得了2013年现场爵士奖，并为年轻人提供了一个表演平台（⏰ 每天20:00—24:00）。在楼下酒吧的第二舞台，鸡尾酒的名称与音乐有关。🏠 11 Gillett Square ¥ 10英镑起 📞 020 72 54 40 97 @ www.vortexjazz.co.uk 🚇 地上铁：Dalston Kingsland站

音乐

查理和巧克力工厂（Charlie and The Chocolate Factory）（折页K6）

一部经典的音乐剧。这个故事曾两次被拍摄成电影。🏠 Theatre Royal Drury Lane ⏰ 周一到周六19:30，周三、周六14:30 ¥ 25~70英镑 📞 084 48 58 88 77（*）@ www.charlieandthechocolatefactory.com 🚇 地铁皮卡迪利线：Covent Garden站

妈妈咪呀！（Mamma Mia!）（折页K6）

这是阿巴合唱团的最佳曲目——瑞典四重奏合唱团的热门歌剧。虽然故事情节简单，但歌曲十分动听。诺维罗剧院（Novello Theatre）：¥ 15~68英镑 📞 084 44 82 51 15（*）@ www.mamma-mia.com 🚇 地铁环城线、区域线：Tempel站

音乐酒吧

音乐咖啡厅（Café Oto）（折页O）

Oto在日语中的意思是声音，在这破旧却时髦的达尔斯顿，您可以听到最新的世界电子乐，同时品尝伊朗风味小吃、美味的蛋糕和咖啡。🏠 18~22 Ashwin Street ⏰ 每天营业，咖啡厅在17:30—19:00试音，会暂时关闭 @ www.cafeoto.co.uk 🚇 地上铁：Dalston Junction站

贝思纳尔格林之星（Satr of Bethnal Green）（折页R3）

位于时尚的东区，这里常常举办各种演出，如DJ表演和喜剧表演，还

伦敦

英国国家歌剧院上演的《诸神的黄昏》

有卡拉OK之夜以及烧烤晚餐和游戏等活动。这里还有各种价格实惠的菜肴。🏠 359 Bethnal Green 📞 020 74 58 44 80 @ www.starofbethnalgreen.com 🚇 地铁中央线：Bethal Green站

歌剧

英国国家歌剧院（English National Opera）★（折页K6）

拥有大剧场的英国国家歌剧院是英语经典歌剧的大本营。这里的售票方式像卖彩票一样，实行"秘密座位"制：您在线购买20英镑的门票，有可能获得至少价值30英镑的座位。🏠 33 St. Martin's Lane ￥ 票价12~125英镑 📞 020 78 45 93 00 @ www.eno.org 🚇 地铁北线、皮卡迪利线：Leicester Square站

国王之首酒吧剧院（King's Head）（折页M1）

训练有素的歌手为100位客人提供现代版本的古典歌剧。这座城市最古老的酒吧剧院的氛围像在自家会客厅一样，非常完美。支付一小笔费用（￥15英镑），您就可以近距离观看表演，也可以参与表演（提前预约，根据名单进入）。🏠 115 Upper Street @ www.kingsheadtheatre.com 🚇 地铁北线：Angel站

夜生活

皇家艾伯特大厅（Royal Albert Hall）
（折页 D8）

在伦敦众多的音乐会之中，林荫道音乐会夏日舞步（Summer Proms）特别值得推荐。详见34页。¥ 8~68英镑 020 75 89 82 12

皇家歌剧院（Royal Opera House）
（折页 K5-6）

世界著名的歌剧院和芭蕾舞剧院。精心修复的保罗·哈姆林大厅（Paul Hamlyn Hall）可免费进入（周一至周五10:00—15:30）。半价的 当地锦囊 站票在表演开始前4小时可购买，星期五13:00后可以购买下周的49张门票。后台导览（电话预订）带您了解幕后故事。 Bow Street ¥ 8~250英镑 020 73 04 40 00 @ www.roh.org.uk 地铁皮卡迪利线：Covent Garden站

酒馆

黑衣修士酒馆（Black Friar）★ ●
（折页 M6）

这是一家青春时尚的艺术酒馆。在入口上方，一个僧侣的雕像充当着守门人的角色，人们可以在青铜浮雕和大理石的装饰之间喝酒。您不确定自己是否喜欢麦芽酒？在这里可以免费试喝。除了酒之外这里还有食品，例如香肠和土豆泥。 174 Queen Victoria Str. 020 72 36 54 74 地铁环城线、区域线：Blackfriars站

公牛与最后酒馆（Bull and Last）

在汉普斯特德郊野公园漫步后，很适合来这里喝一杯。舒适的酒馆

在黑衣修士酒馆，人们可以品尝到经典的英伦啤酒

楼上是适合家庭用餐的餐厅。🏠 168 Highgate Road 📞 020 72 67 36 41 @ www.thebullandlast.co.uk 🚇 地铁北线：Kentish Town站

鸽子酒馆（The Dove）🔵

这是一家拥有400年历史的氛围良好的酒吧。❄ 冬季暖房是3月份牛津剑桥赛艇比赛的理想观看点。🏠 19 Upper Mall 📞 020 87 48 94 74 @ www.dovehammersmith.co.uk 🚇 District Ravenscourt Park站

老喷泉酒馆（Old Fountain）（折页O3）

舒适的酒吧，有花园露台和各种啤酒：麦芽啤酒、精酿啤酒和瓶装啤酒。如果想尝试一切啤酒种类，您需要有很好的酒量。一个更好的解决方法是，您再来一次。🏠 3 Baldwin Street 📞 020 72 53 29 70 @ www.twitter.com/oldfountainales 🚇 地铁北线：Old Street站

红狮子酒馆（Red Lion）（折页J6）

在时髦的圣詹姆斯，这家维多利亚风格的杜松子酒馆氛围友好。🏠 2 Duke of York Street 🕐 周一到周六11:30起 📞 020 73 21 07 82 @ www.redlionmayfair.co.uk 🚇 地铁环城线、区域线：Piccadilly Circus站、St. James's Park站

索尔兹伯里酒馆（The Salisbury）（折页K6）

这座城市最好的维多利亚式"杜松子酒馆"之一，装饰有桃花心木和雕刻玻璃。位于西区剧院的中心。🏠 90 St. Martins' Lane 📞 020 78 36 58 63 🚇 地铁北线、皮卡迪利线：Leicester Square站

戏剧院与舞蹈剧院

多玛仓库剧院（Donmar Warenhouse）（折页K5）

伦敦剧院的新星，有不少好莱坞著名演员在此演出。🏠 41 Earlham Street 📞 084 48 71 76 24（*）@ www.donmarwarehouse.com 🚇 地铁北线、皮卡迪利线：Leicester Square站

国家剧院（National Theatre）（折页L6-7）

英国著名的国家剧院将3座楼（Cottesloe, Lyttleton, Olivier）联合起来，用于表演古典和当代作品。🏠 South Bank ¥ 票价15英镑起 📞 020 74 52 30 00 @ www.nationaltheatre.org.uk 🚇 Waterloo站

莎德斯威尔斯剧院（Sadler's Wells Theatre）（折页M2-3）

这是在英国名列前茅的舞蹈剧院，最好的演员正为观众表演舞蹈。🏠 Rosebery Av. ¥ 31英镑起 📞 020 78 63 80 00 @ www.sadlerswells.com 🚇 地铁北线：Angle站

索霍剧院（Soho Theatre）（折页J5）

伦敦剧院的成功典范，不仅上演老作品，还有新作品以及国外剧作和喜剧。🏠 21 Dean Street ¥ 票价12.50英镑 📞 020 74 78 01

夜生活

00 @ www.sohotheatre.com 🚇 地铁中央线、北线：Tottenham Court Road站

葡萄酒馆

贝德福德和斯特恩酒馆（Bedford & Strand）（折页K6）

这家葡萄酒馆提供精选的现代英式和法式美食。🏠 1a Bedford Street ⏰ 周一到周五12:00—24:00，周六17:00闭店 📞 020 78 36 30 33 @ www.bedfordstrand.com 🚇 Charing Cross站

佩皮托酒吧（Pepito）（折页K2）

这里的小吃很美味！小而正宗的酒吧位于伦敦市中心，拥有酒窖一般的氛围。🏠 3 Varnishers Yard ⏰ 周一到周五17:00—24:00，周六从18:00开始 📞 020 78 41 73 31 @ www.camino.uk.com/barpepito 🚇 King's Cross站

特罗尔（Terroirs）（折页K6）

不寻常的小型葡萄酒生产商，有一些品种的奶酪供选择。🏠 5 William IV Street ⏰ 周一到周六12:00—23:00 📞 020 70 36 06 60 @ www.terroirswinebar.com 🚇 地铁贝克鲁线、北线：Charing Cross站

24小时店

红砖巷贝格尔烘焙屋（Brick Lane Beigel Bake）（折页Q3）

这家面包店有便宜的夹三文鱼、奶油芝士和咸牛肉的百吉饼。🏠 159 Brick Lane ⏰ 每天24小时营业 🚇 地上铁：Shoredich站

浮华城（TinSeltown）（折页M4）

在整个伦敦都入眠时，您可以在这家美式餐厅填饱肚子。🏠 44~46 St. John Street ⏰ 周一到周六12:00—次日4:00，周日到次日3:00 📞 020 76 89 24 24 @ www.tinseltown.co.uk 🚇 地铁环城线、汉默史密斯与城市线、大都会线：Farringdon站

住宿

　　从昂贵的酒店到便宜的旅馆,从设计感十足的酒店到游艇,有很多方式可以在伦敦过夜。伦敦住宿的价格总体上高于英国平均水平。通过早些预订、网上折扣或周末折扣可以节省预算。

　　在预订时请务必注意,早餐和增值税(增值税率20%)是否已包含在房价内。高档酒店往往不包含这些。在线预订时,您还应注意标注的房价,是以英镑还是欧元为单位。询问是否有特价房是明智的。单人间是"single",大床房双人间是"double",带两张单人床的双人间叫"twin"。单人入住单人间的价格约为入住双人间价格的2/3。对于小团体或家庭,通常提供廉价的多床房间。"En-Suite"指私人浴室。住宿加早餐(Bed & Breadfast)几乎是英国人的发明,通常你需要用现金支付。中档酒店和这种住宿加早餐的小旅馆之间的划分标准是浮动的,两者都慢慢放弃了使用印花棉布窗帘和花卉边框做装饰。传统英式早餐的鸡蛋、香肠和培根已被包括燕麦、酸奶、面包和果酱的欧式早餐所取代。

上图: 40 Winks 酒店

本书为您推荐一些酒店、小旅馆、公寓和民宿。

预订客房时，通常必须使用信用卡支付。在 @ www.visitlondonoffers.com [📞 019 04 71 73 84（*）] 网站上，您会发现所有类别的酒店与歌剧院或戏剧院门票的套餐。普理米尔酒店（Premier Inn）是一家廉价的英国连锁酒店，配有舒适的床铺。如果您提前预订，您会找到70英镑起的双人间以及经济型家庭间。网站 @ www.londonbb.com上列出了小旅馆的清单。在这里也可以找到民宿清单。如果在伦敦要待一个星期，您可以访问 @ www.holidaylettings.co.uk预订一个民宿。对于预算紧张的人来说，@ www.budgetplaces.com可以帮助寻找便宜的房间。

伦敦

在柏孟塞广场,现代化的公寓温馨、时尚

公寓

卡尔斯敦剧场酒店(Castletown House)(折页A10)

这是一家家庭旅馆,在伦敦西部有5个不同大小的房间,有两人间和三人间。所有的房间都带有浴室、厨房、无线网络、电视,有的还有洗衣机。🏠 11 Castletown Road ¥ ££ 📞 020 73 86 94 23 @ www.castletownhouse.co.uk 🚇 地铁区域线、皮卡迪利线:West Kensington站、Barons Court站

23绿园酒店(23 Greengarden House)(折页G5)

设备齐全的明亮而友好的公寓拥有现代乡村别墅风格,位于禁止车辆通行的圣克里斯托弗广场(St. Christopher's Place),距离牛津街仅有几步之遥。有23个房间。¥ 260~460英镑,£££ 🏠 St. Christopher's Place 📞 020 79 35 91 91 @ www.greengardenhouse.com 🚇 地铁中央线、银禧线:Bond Street站

住宿加早餐酒店

当地锦囊 贝尔格莱维亚酒店(B & B Belgravia)(折页G9)

这家不错的住宿加早餐酒店位于时尚的贝尔格莱维亚(Belgravia)。经过翻新,17间客房焕然一新,设计现代。价格140英镑起;早上供应的是🌱有机早餐;地理位置很好。有9间带厨房的一室公寓(🏠 82 Ebury Street ¥ 110英镑起)可供长期住

住宿

宿。🏠 64~66 Ebury Street ☎ 020 72 59 85 70 @ www.bbbelgravia.com 🚇 地铁环城线、地铁区域线：Victoria站

马车房（The Coachhouse）

"像当地人一样生活"是这里的座右铭。独特的乡村魅力，距市中心半小时车程。如果美丽的马车小屋全住满了，这里的主人也提供私人公寓。🏠 2 Tunley Road ☎ 020 87 72 19 39 @ www.coachhouse.chslondon.com 🚇 地铁北线：Balham站

汉普斯特德乡村宾馆（Hampstead Village Guesthouse）

这座住宿加早餐酒店位于绿化很好的汉普斯特德，距离市中心仅20分钟路程。早餐时间灵活，从8:00（周六、周日9:00）到快中午都可以用餐，夏天在花园里吃早餐。共有9间客房。🏠 2 Kemplay Road ¥ 带浴室的双人间180英镑。1间可供5人入住的带厨房的花园公寓，每人200英镑，不含早餐 ☎ 020 74 35 86 79 @ www.hampsteadguesthouse.com 🚇 地铁北线：Hampstead站

大理石拱门旅馆（Marble Arch Inn）
（折页 F5）

这家住宿加早餐酒店位于市中心（靠近海德公园和牛津街），有29间简约的小房间，还有家庭房（最多可容纳6人）。🏠 49~50 Upper Berkeley Street ¥ 双人间105英镑起（不含早餐）☎ 020 77 23 78 88 @ www.marblearch-inn.co.uk 🚇 地铁中央线：Marble Arch站

113佩皮斯路（113 Pepys Road）

位于伦敦南部，是一家东西方风格融合的酒店。室内装饰的竹帘、和服以及中国瓷器反映了英籍华人老板娘的旅行经历。除了全英式早餐，还提供中国汤面（需提前预订）。🏠 New Cross Gate ¥ 双人间130英镑 ☎ 020 76 39 10 60 @ www.pepysroad.com 🚇 地上铁：New Cross Gate站

酒店 £££

柏孟塞广场（Bermondsey Square）
（折页 P8）

酒店超级友好和时尚！楼上的一间套房设有吊床，露西套房（Lucy）在屋顶，有一个 当地精彩 热水浴缸

温馨之选

★ **黑兹利特酒店**
与文学作品有关的老派的魅力。→ P.106

★ **教堂街酒店**
在坎伯韦尔，时尚却不异想天开。→ P.98

★ **菲尔丁酒店**
没有比这里更接近市中心的酒店了。→ P.97

★ **肖尔迪奇Z酒店**
位于中心地段，但房间较小。→ P.99

★ **萨伏伊酒店**
生态旅馆的传奇。→ P.106

★ **丽兹酒店**
传统、奢侈、有品位。→ P.106

伦敦

（屋顶按摩浴缸），您可以边洗澡边欣赏美景！这里是探索泰晤士河南侧的好地方：附近有泰特现代美术馆、碎片大厦、莎士比亚环球剧院以及博罗市场。在凉爽的柏孟塞街购物，周末在这里品尝杜松子酒或在柏孟塞街24号品尝杜松子酒和鸡尾酒。共有90间客房。🏠 Tower Bridge Road 📞 020 73 78 24 50 @ www.bermondseysquarehotel.co.uk 🚇 London Bridge站

伦敦威斯特敏斯特希尔顿双树酒店（Doubletree by Hilton Hotel London-Westminster）（折页K9）

这家屡获殊荣的酒店靠近泰特不列颠美术馆，拥有现代设计，友好的服务以及注重细节的一流餐厅。共有460间客房。🏠 30 John Islip Street 📞 020 76 30 10 00 @ www.doubletree3.hilton.com 🚇 地铁维多利亚线：Pimlico站

黑兹利特酒店（Hazlitt's）⭐（折页J5）

位于索霍中心的精美老式文艺酒店。散文家和评论家威廉·黑兹利特（William Hazlitt, 1778—1830）在这里生活并去世，根据传说，他死于饮茶过量。共有23间客房。🏠 6 Frith Street Soho Square 📞 020 74 34 17 71 @ www.hazlittshotel.com 🚇 地

索霍的黑兹利特酒店，客房充满情调

住宿

铁中央线、北线：Tottenham Court Road站

壹阿尔德维奇酒店（One Aldwych Hotel）（折页 K-L6）

五星级酒店，绿色舒适。拥有无氯游泳池、水下音乐和有机洗浴用品。有家庭房和保姆服务。有标准客房和套房105间。 1 Aldwych 020 73 00 10 00 @ www.onealdwych.com 地铁皮卡迪利线：Covent Garden站

丽兹酒店（The Ritz）（折页 H7）

伦敦传统酒店的代表，位于格林公园旁。有配置路易十六时期特色家具的豪华客房，主题色有蓝色、桃色、粉红色和黄色。私人化的服务，这里称女士客人"Madam"，男士"Sir"。共有136间客房。 150 Piccadilly 020 74 93 81 81 @ www.theritzlondon.com 地铁银禧线、皮卡迪利、维多利亚线：Green Park站

萨沃伊酒店（The Savoy）★（折页 K6）

酒店所在的建筑已有125年历史，接待过温斯顿·丘吉尔等名人。房子经过翻新，经典并焕发出新的光彩。酒店的绿色环保做得很好：厨房耗材的循环使用、使用混合动力汽车的酒店接送，以及伦敦的生态旅游。共有267间客房。 Strand 020 78 36 43 43 @ www.fairmont.com/savoylondon Charing Cross站

白金汉宫大门51号酒店（TAJ 51 Buckingham Gate）（折页 H-J8）

这是一个对儿童友好的豪华酒店，共有82间套房和公寓，均设有厨房。孩子们可以使用儿童浴袍，晚上则可以享用有助于睡眠的热巧克力。餐厅有专为儿童设计的菜单。 51 Buckingham Gate 020 77 69 77 66 @ www.taj51buckinghamgate.co.uk Victoria站

W旅馆（W Hotel）（折页 J6）

时尚的五星级酒店位于莱斯特广场，拥有自己的迪斯科舞厅和巨型屏幕，迷你酒吧有按摩器，也提供播放黑胶唱片音乐服务。共有192间客房。 10 Wardour Street 020 77 58 10 00 @ www.wlondon.

伦敦

省钱有道

伦敦帝国理工大学（折页D8）（Inperial College London 🏠 Watts Way, Princes Gardens 📞 020 75 94 97 12 @ www.imperial.ac.uk/Summerac commodation @ www.imperial.ac.uk 🚇 地铁环城线、区域线、皮卡迪利线：South Kensington站）在夏季学期休息期间提供722间客房，包括早餐，可进入健身房和游泳池，费用81英镑起

在日木胶囊酒店Yotel（折页0）（📞 020 71 00 11 00 @ www.yotel.com），标准间的费用为62英镑起，高级间85英镑。也可只预订4小时（56～69英镑）住宿！

co.uk 🚇 地铁北线、皮卡迪利线：Leicester Square站

酒店 ££

菲尔丁酒店（The Fielding Hotel）★（折页K5）

位于伦敦西区，地理位置优越，在皇家歌剧院对面的庭院中享有安静的位置。非常受演员欢迎。不供应早餐，但门口有许多不错的咖啡馆。●当地精选➤可以免费进入相邻的水疗中心！共有24间客房。🏠 4 Broad Court 📞 020 78 36 83 05 @ www.thefieldinghotel.co.uk 🚇 地铁皮卡迪利线：Covent Garden站

哈克斯顿酒店（Hoxton Hotel）（折页O-P3）

酒店位于肖尔迪奇，现代化的设计和清淡的早餐使这家拥有210间客房的酒店脱颖而出。♻回收和能源效率是这家酒店的经营理念。这里离俱乐部不太远，周五、周六房价会更便宜。🏠 81 Great Eastern Street 📞 020 75 50 10 00 @ www.hoxtonhotels.com 🚇 地铁北线：Old Street站

纳德勒肯辛顿酒店（The Nadler Kensington）♻（折页E5）

酒店提供相对小而实惠的客房，设有迷你厨房。预订早餐的人，早餐会送入房间。使用节能灯具和浴室配件。共有65间客房。🏠 25 Courtfield Gardens 📞 020 72 44 22 55 @ www.thenadler.com/kensington.shtml 🚇 地铁区域线：Earl's Court站

左岸拉法叶酒店（Rafayel on The Left Bank）♻（折页0）

您想为生态做些什么？这家位于泰晤士河畔的精品酒店拥有绿色发展的意识，使用LED照明，进行雨水、玻璃和纸张回收，提供有机护理产品。如果您想看河，可以预订一间较大的带落地窗的房间。共有65间客房。🏠 34 Lombard Road 📞 020 78 01 36 10 @ www.hotelrafayel.com 🚇 地上铁：Clapham Junction站、Earl's Court站

时尚酒店（Stylotel）（折页D5）

这里的40间客房和8间带小厨房的套房看起来很酷，采用时尚的未来

住宿

主义设计：大量金属装饰和简约的配色方案。这里靠近公共汽车站和火车站，便于出行。供应英式早餐。🏠 160~162 Sussex Gardens 📞 020 77 23 10 26 @ www.stylotel.com 🚇 地铁贝克鲁线、环城线：Passington站

40次眨眼旅馆（40 Winks）（折页S4）

眨眼40次意味着"享有舒适的睡眠"。这个时尚、略显古怪又深受名人喜欢的酒店位于凉爽的东区，共有2间客房，2个房间共用1间浴室，适合前卫的旅行者，要早早预订！🏠 109

不要睡过头！

伦敦摇篮床

这里不像听上去那么孩子气：轻轨列车呼啸开过东部的旧码头区域，海面上浮动着白色的梦想。在豪华游艇上的帆船酒店——森伯恩伦敦酒店（Sunborn London，有131个房间和4间套房 🏠 Royal Victoria Dock ¥ £££ 📞 020 37 14 81 11 🚇 轻轨列车：Custom House站），人们可以看到金丝雀码头的天际线，让自己在海浪的轻摇中慢慢陷入沉睡。

个性鲜明，色彩鲜艳

墨西哥风格的色彩交响曲，位于伦敦南部，提供多种房型，配备有彩色瓷砖浴缸和欧舒丹化妆品。社区酒吧在 ⭐ 教堂街酒店（Church Street Hotel 🏠 29~33 Camberwell Church Street ¥ ££ 📞 020 77 03 59 84 @ www.churchstreethotel.com），供应咖啡、茶和饮料，价格实惠。在地铁可到达范围外，对面有一个很酷的艺术咖啡馆（@ www.goodgoodslondon.com）和坎布威尔集市（Camberwell Market），这是一个在角落的周日街头食品市场。

请您来这里

有趣的简约设计理念：梯子架代替橱柜，由橡胶软管制成的灯罩和长方体形状的室内结构。一切都很时髦，床边、电视和一体式浴室的后面都有巨大的装饰画。Qbic酒店（折页 Q5）（171间客房 🏠 42 Adler Street ¥ £ 📞 020 30 21 33 00 @ www.qbichotels.com/de/londoncity 🚇 地铁汉默史密斯与城市线、区域线：Aldgate East站）提供自行车出租服务，为想要绿色出行的游客提供便利。那些只想睡觉的游客，可以预订一个没有窗户的超便宜的房间。

蜷缩起来

适合喜欢住在小房间，想要少花钱的游客：在有格调的Clink78旅馆（折页 L3）（Clink78 Hostel，100间客房 🏠 78 King's Cross ¥ £ 📞 020 71 83 94 00 @ www.clinkhostel.com 🚇 King's Cross站），这里以前是个法院，顾客睡在牢房门后面的日本风格胶囊床上。

伦敦

Mile End Road 📞 020 77 90 02 59 @ www.40winks.org 🚇 Stepney Green站

酒店 £

阿尔罕布拉酒店（Alhambra Hotel）（折页 K3）

乘"欧洲之星"抵达的客人将从圣潘克勒斯火车站步行数米前往这个家庭经营的酒店。靠近不列颠图书馆和大英博物馆。共有52间客房，不含浴室的房间更便宜。🏠 17~19 Argyle Street 📞 020 78 37 95 75 @ www.alhambrahotel.com 🚇 地铁北线、皮卡迪利线、维多利亚线、环城线：King's Cross站

里奇蒙特酒店（Ridgemount Hotel）（折页 J4）

传统的布卢姆斯伯里家族企业，有许多常客。房间较小，不是所有的都带有浴室（¥ 可容纳5人的房间花费170英镑），有花园，共有32间客房。🏠 65~67 Gower Street 📞 020 76 36 11 41 @ www.ridgemounthotel.co.uk 🚇 地铁北线：Goodge Street站

拉什莫尔酒店（Rushmore Hotel）（折页 B9）

这里有22间带油画装饰的独立客房。在温室内供应自助早餐。🏠 11 Trebovir Road 📞 020 73 70 38 39 @ www.rushmore-hotel.co.uk 🚇 地铁区域线、皮卡迪利线 Earl's Court站

肖尔迪奇Z酒店（The Z Hotel Shoreditch）★（折页 O3）

价格和位置都很吸引人！这里是一栋老的办公楼，却没有办公室常见的那种乌烟瘴气，有的只是宽敞、配有大屏幕电视的客房。可预订自助早餐。共有111间客房。🏠 136~144 City Road 📞 020 35 51 37 02 @ www.thezhotels.com/zshoreditch 🚇 Northern Old Street站

青年旅社，露营地与更多选择

布什船屋（Bush Houseboat）

位于伦敦西部的船屋，距离市中心有15分钟的火车车程。人们可以在甲板上欣赏日落，在驾驶室吃晚餐。只在学校放假时开放。@ www.bushhouseboat.co.uk 🚇 地铁区域线、地上铁：Kew Gardens站

吉斯通房屋酒店（Keystone House）（折页 K2）

可爱的旅馆拥有约160个床位（¥ 29英镑起，早餐需加3.50英镑）和私人空间，有大型的女生宿舍，提供24小时入住服务。🏠 272~276 Pentonville Road 📞 020 78 37 64 44 @ www.keystone-house.com 🚇 King's Cross站、St. Pancras站

李谷露营大篷车酒店（Lee Valley Camping & Caravan Park）（折页 0）

这就是豪华露营地的样子：露营地设在有暖气的小屋，配有行军床、电灯（¥ 35英镑）和露营地

住宿

方形、实用的Qbic酒店

（¥ 15~23英镑）。到市中心需1小时。 Meridian Way 020 88 03 69 00 @ www.visitleevalley.org.uk 地铁维多利亚线：Tottenham Hale站，然后乘火车到Ponders End站

中国作者推荐住宿

伦敦一流旅馆（Ace Hotel London）

伦敦一流旅馆始终秉承着尊重本土文化的作风，与英国本土设计团队Universal Design Studio工作室合作完成设计。伦敦一流旅馆最大限度地保留了建筑原结构，工业风格是酒店的主格调，通过简单的设计、简洁的材料将肖尔迪奇的历史背景与文化积淀融入设计当中，如将制鞋业、家具制造业、造船业等传统元素作为设计元素体现出来。裸露的粗糙水泥墙与金属管道强势地把人们的思想拉回到从前那个粗犷的肖尔迪奇中。伦敦一流旅馆可以说是艺术伦敦的一个里程碑。 100 Shoreditch High Street, London E16JQ 全年24小时 ¥ 每间每晚160~210英镑 020 76 13 98 00 @ https://www.acehotel.com/london/ Old Street站、Liverpool Street站

独特体验之旅

❶ 伦敦最美之旅

起点： ❶ 辛普森滨河餐厅
终点： ⓬ 钱多斯酒吧

1天
纯步行时间
2小时45分钟

路程：
➡ 10千米

费　用：	公交地铁日票12.10英镑，门票75英镑，饮食110英镑。
携带物品：	照相机，领带，西装上衣。

注意事项： 记得预订⓫英国国家歌剧院的门票；同样可预订的是❿丽兹酒店的下午茶。请注意正确地着装，男士要打领带和着西装。在工作日，最后一班地铁运行到午夜。每天11:00（周日10:00），❸皇家骑兵卫队会进行换岗。

上图：威斯敏斯特大桥、国会大厦、大本钟

伦敦有很多面孔。如果你想发现每个街区的独特魅力,如果你想找到值得驻足观赏的景物、震撼人心的去处、美味的餐厅……那么这份定制的深度游攻略再合适不过了。

在这一天,您会参观伦敦最经典的地标:从市中心出色的博物馆、国会大厦、威斯敏斯特教堂到晚上的文化盛宴。了解这个城市的亮点,这是完全放松又收获颇丰的一天。

08:00 在著名的萨沃伊酒店旁边的传统的 ❶ 辛普森滨河餐厅→P.72,享用经典的英式早餐,包括香肠、鸡蛋和培根,开始您的旅程。

❶ 辛普森滨河餐厅 🍴

伦敦

09:00 吃过饭后，步行穿过斯特兰德，向西行至 ❷ 特拉法尔加广场→P.47，这是伦敦的地理中心，这里有引人注目的高耸入云的纳尔逊纪念柱。请您花时间参观国家美术馆→P.46。沿着白厅，您将到达权力走廊。

11:00 请您不要错过 ❸ 皇家骑兵护卫队大楼→P.38在11:00（周日10:00）的换岗。不过整整一天骑兵都非常平静，因为他们要应对游客无数的快门，拍成千上万的快照。然后，穿过唐宁街10号，去参观 ❹ 大本钟→P.38、国会大厦→P.38，和 ❺ 威斯敏斯特教堂→P.40。穿过威斯敏斯特大桥（Westminster Bridge）——这座桥1802年激发了浪漫主义诗人威廉·华兹华斯（William Wordsworth）的灵感，写下了有名的十四行诗。沿着泰晤士河南岸散步，从这里您可以欣赏到国会大厦对面壮观的金色建筑群。在穿过兰贝斯桥（Lambeth Bridge）之前，先参观 ❻ 花园博物馆→P.55的花园。

13:00 经过米尔班克（Millbank），您就到了 ❼ 泰特不列颠美术馆→P.40，这里是英国艺术的殿堂。请您花时间参观500年来的英国艺术：威廉·布莱克（William Blake）、威廉·透纳（William Turner）、亨利·摩尔（Henry Moore）和卢西安·弗洛伊德（Lucian Freud）的作品。在您的艺术之旅中，您可以在传统且风景如画的Rex Whistler餐厅（¥ ££ ☏ 020 78 87 88 25 @ www.tate.org）享用午餐，然后乘坐公共汽车（🚌 Vauxhall Bridge Road的2、36、185、436路公交车）到维多利亚火车站。维多利亚街的右手边是不寻常的，有一座100多年历史的 ❽ 威斯敏斯特大教堂→P.41，外墙红白相间。穿过皇宫街（Palace Street）到 ❾ 白金汉宫→P.36，这是女王的住所。在8月和9月，当女王住在乡下避暑时，您可以访问指定的房间。

15:00 穿过同一条街上的格林公园，到达格林公园地铁站，在传奇的 ❿ 丽兹酒店→P.107享用完美的下午茶，品尝烤饼和三明治。这里只接待提前预订的顾客，并必须打着领带、穿西装外套入场。如果

独特体验之旅

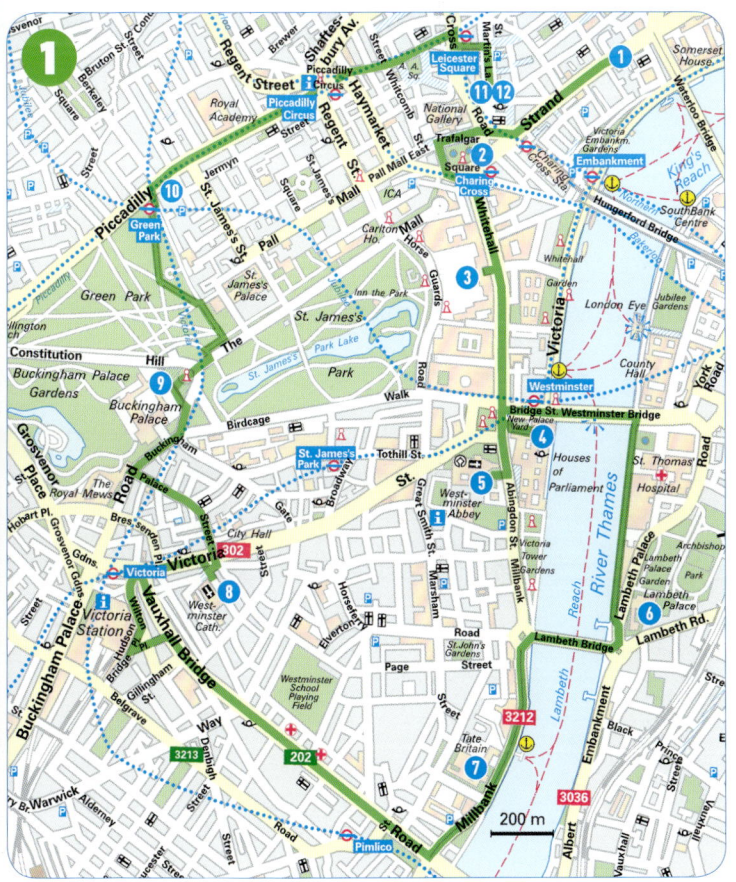

您忘记的话,可以前往福特纳姆 & 梅森百货→P.84 享用下午茶。

18:30 吃过这么多饼干之后,散步是正确的选择。请您到皮卡迪利广场→P.46,继续沿考文垂(Coventry)和克兰布街(Cranbourn Street)前往莱斯特广场地铁站。穿过查灵克罗斯路向右走,大约需要15分钟到达 ⓫ 英国国家歌剧院→P.98。在观看表演(提前预订)之后,您可以在 ⓬ 钱多斯酒吧(Chandos 🏠 29 St. Martin's Lane 🕐 每天11:00-23:00 📞 020 78 36 14 01)里喝一杯酒,结束这一天的行程。

⓫ 英国国家歌剧院

⓬ 钱多斯酒吧

伦敦

② 穿越伦敦东区之旅：咖喱、葡萄酒和涂鸦

起点：❶ 利物浦街车站
终点：⓭ 老街

半天
步行时间
1.5小时

路程：
➡ 4.5千米

费　用：门票20英镑，饮食40英镑。

注意事项：❷丹尼斯世家博物馆只在周一、周日白天开门，如果想要在晚上（周一、周三、周五）参观，请记得提前预订！工作日最后一班地铁运行到午夜。

伦敦金融城的山麓和闪闪发光的办公楼一直通往古老的东区，妓女杀手开膛手杰克在维多利亚时代开始在这里行凶。在这里，时髦的酒吧和俱乐部，与设计师和街头艺术家有关的创意场景已经形成规模。

❶ 利物浦街车站

❷ 丹尼斯世家博物馆

❸ Water Poet酒馆

🕛 从 ❶ 利物浦街车站（Liverpool Street Station）开始，这是铁路黄金时代的标志性建筑，有铸铁车顶架和棕榈柱。请您从主教门（Bishopsgate）出口离开，沿着主教门左边有许多后现代办公建筑的道路前行。右转进入福尔盖特街（Folgate Street）并前往 ❷ 丹尼斯世家博物馆（Dennis Severs House）[🏠 15 Folgate Street 🕒 周日12:00—16:00，周一12:00—14:00、17:00—21:00，周三、周五17:00—21:00 ￥ 白天10英镑，晚上（需预订）15英镑 📞 020 72 47 40 13 @ www.dennissevershouse.co.uk]。这里记录了一个从事丝绸织布行业的家族五代的生活。这次参观是一次特别的经历：您仿佛穿越到过去，亲身感受这个家族生活的点滴，虽然没有亲眼见到那些家庭成员，但通过听觉和嗅觉，您仿佛可以触摸这些人物的生活——桌上有吃到一半的餐食，壁炉里面点着火。对面是 ❸ Water Poet酒馆（ 🕒 每日12:00—23:00 ￥ £ 📞 020 74 26 04

独特体验之旅

95 @ www.waterpoet.co.uk），您可以选择在此休息一下。然后右转进入繁忙的商业街。**斯皮特菲尔德市场→P.87**氛围友好的商店、酒吧和咖啡馆对面，富尔尼耶大街（Fournier Street）十字路口那里，耸立着1729年的 ❹ **基督教堂**（Christ Church）（🕐 周一到周五10:00—16:00，周日13:00—16:00 @ ccspitalfields.org），这是尼古拉斯·霍克斯穆尔的杰出建筑作品。这位克里斯托佛·雷恩的学生对金字塔和方尖碑情有独钟。穿过富尔耶尼街，就走到了著名的 ❺ **红砖巷**。在18世纪，这里住着胡格诺丝织工人，后来犹太人和孟加拉纺织工人也定居在了这里。"孟加拉镇（Banglatown）"由此发展而来，这里有许多纱丽店、甜品店和印度咖喱餐厅。现在，这里主要是餐馆，也慢慢搬入了一些独立店铺和售卖街头食品的店。在这条街的59号，富尔耶尼街和红砖巷的角落，是东区最具标志性的建筑之一——前胡格诺派教会。20世纪70年代中期起，它是红砖巷清真寺（Brick Lane Moschee）。您可以在 ❻ **王子街**（Princelect Street）和 ❼ **汉伯里街**（Hanbury Street）右边发现 当地 精彩 **涂鸦和街头艺术**。仔细一看，在醒目的画之外，还有

❹ 基督教堂

❺ 红砖巷

❻ 王子街

❼ 汉伯里街

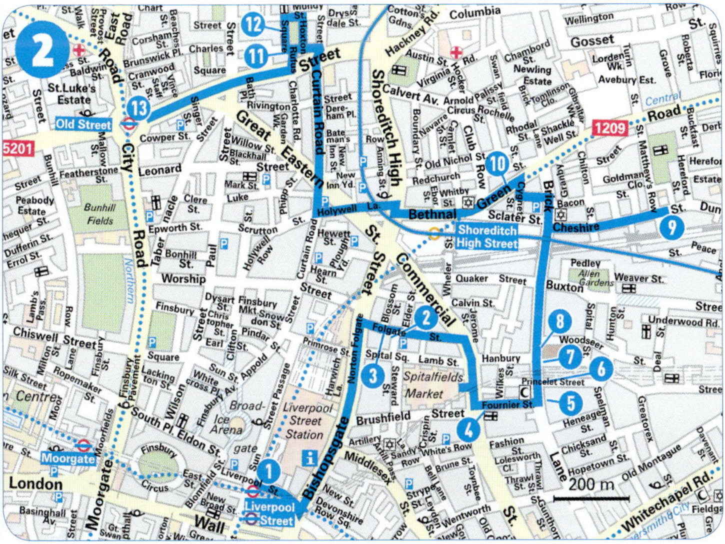

伦敦

- ⑧ 阿拉丁餐馆 🍴
- ⑨ 超越怀旧复古店 🛍
- ⑩ Rich Mix文化中心 🎵
- ⑪ 霍斯顿广场

安装在墙壁上的小型装置,但不是很容易找到。也许有些是神秘的班克斯(Banksy)的作品?

15:00 是时候休息一下了。返回红砖巷,您可以在 ⑧阿拉丁餐馆(Aladin)(🏠 132 Brick Lane ⏰ 周一到周四12:00—24:00,周五、周六12:00—次日1:00,周日12:00—22:30 ¥ £ 📞 020 72 47 82 10 @ aladinbricklane.net)吃点咖喱或者来自克什米尔地区的巴尔蒂锅菜。现在,我们位于老杜鲁门啤酒厂(@ www.trumanbrewery.com)的中心地带,周围有时髦的商店和酒吧。您可以游览设计师服装精品店和小的复古服装店 ⑨超越怀旧复古店(Beyond Retro)(🏠 110~112 Cheshire Street @ www.beyondretro.com)。经过彩绘的房屋外墙和小型老式商店,进入贝斯纳格林街,然后抵达 ⑩Rich Mix文化中心(🏠 35~47 Bethnal Green Road @ www.richmix.org.uk)。大型多元文化活动反映了该地区的文化理念,并为整个社区提供了一些娱乐活动,例如展览,针对年轻人和老年人的音乐会,适合年轻人的门票便宜的戏剧以及喜剧,这里还有电影院。穿过肖尔迪奇大街,走过霍利韦尔街(Holywell Lane)和大东方街(Great Eastern Street),然后右转进入窗帘路(Curtain Road)。接下来,请您穿过老街(Old Street),往左走,您将到达 ⑪霍斯顿广

在红砖巷,您将惊叹于精湛的街头艺术

独特体验之旅

场(Hoxton Square)的绿地。在白立方画廊（White Cube Gallery）迁移后，新的咖啡馆和餐馆落户在这个绿色的广场。

🕒15:30 享受小广场周围的休闲氛围，在 ⑫ 幸福失忆酒吧→P.93享用鸡尾酒。片刻休息后，继续前往皇冠街（Coronet Street），然后在老街右转到这条步道的终点 ⑬ 老街地铁站，这是新的"硅谷环岛"的枢纽，周围有许多创业公司。

⑫ 幸福失忆酒吧

⑬ 老街

③ 泰晤士河边及河上：文化、教堂和美食

起点：❶ 威斯敏斯特站
终点：❶ 威斯敏斯特站

1天
纯步行时间
2.5小时

路程： 10千米

费　用： 乘船旅行10英镑（单程），门票32英镑，饮食18英镑。

携带物品： 照相机。

注意事项： 最后一班船在17:20出发，夏季会晚一点儿，根据潮汐涨落，出发时间可能略有不同。在线预订 ❹ 伦敦眼门票更便宜。

泰晤士河沿岸是伦敦最美丽的步道之一，从西向东，可以观赏河岸全景。伦敦始于泰晤士河北岸；在将一座发电厂改建为泰特现代美术馆之后，泰晤士河南岸不再破旧。

🕒10:00 请您从 ❶ 威斯敏斯特站出发，左边黑色外观的不寻常建筑与国会大厦形成鲜明对比。在保得利大厦（Portcullis House，建于1999年），议员们有他们自己的办公室。在节能方面，该建筑具有生态价值；在美学层面，它的价值存疑。从 ❷ 威斯敏斯特大桥上，您可以欣赏泰晤士河的全景。维多利亚堤岸旁的诺曼·肖建筑（Norman Shaw Buildings）是一座红白相间的带炮塔的建筑。1967年，它变成了伦敦警察厅——新苏格兰场（New Scotland Yard）的总部。过桥，然后向左拐，下楼梯到泰晤士河南

❶ 威斯敏斯特站

❷ 威斯敏斯特大桥

伦敦

❸ 郡议事厅

❹ 伦敦眼

❺ 南岸中心

❻ 牛津塔

❼ 派部长餐馆

岸。这里有20世纪上半叶的大型建筑群。❸郡议事厅（County Hall）原为伦敦郡议会所在地，现在变成了一个适合儿童娱乐的空间：伦敦水族馆（London Aquarium）（@ www.visitsealife.com）、伦敦地牢（The London Dungeon）（@ www.thedungeons.com/london）和史莱克冒险体验馆（Shrek's Adventure）（@ www.shreksadventure.com/london）。在❹伦敦眼→P.55之下，您可以看到摩天轮的轿厢经过。请您搭乘摩天轮！摩天轮之旅结束后，继续沿着岸边散步。千禧桥对面是文化中心❺南岸中心（South Bank Centre），这是建于20世纪50年代的混凝土城堡，包括皇家节日音乐厅（Royal Festival Hall）、国家大剧院、电影剧院和海沃德画廊（Hayward Gallery）。在夏季，您可以享受户外娱乐和免费活动（如喜剧、爵士乐、马戏团表演等）。在北岸，您将看到伦敦最古老的纪念碑，克利奥帕特拉之针（Cleopatra's Needle，约公元前1450年建造）。1878年，在泰晤士河边上竖立起了花岗岩方尖碑，除了都来自埃及，这个碑与埃及艳后克利奥帕特拉并无任何关系。沿着河岸继续前行，❻牛津塔（OXO Tower）的标志在晚上被红色的霓虹灯点亮。牛津塔码头（OXO Tower Wharf）有关于时尚、艺术和珠宝等的有趣的设计商店。在加布里埃尔码头（Gabriel's Wharf），您可以在❼派部长餐馆

独特体验之旅

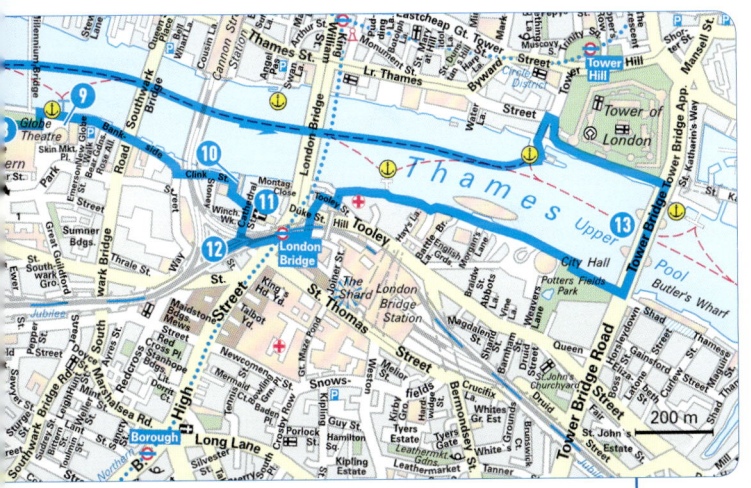

（Pieminister）（🕐 每日10:30—17:00 ¥ £ 📞 020 79 28 57 55 @ www.pieminister.co.uk）品尝典型的英国馅饼。

🔵**13:00** 继续沿着岸边行走，您可以看到 ❽ 泰特现代美术馆→P.59的砖塔楼。您可以在新扩建区的十楼免费欣赏美丽的景色。几步之外，是 ❾ 莎士比亚环球剧院→P.58的工艺作坊，重建选址距其原址仅180米，而且完全忠于原型。在莎士比亚时代，这里是一个声名狼藉的娱乐区。请您右转直到河岸尽头，通过地下通道，左转进入叮当街（Clink Street），可以看到 ❿ 金色辛德二号（Golden Hinde II）（@ www.goldenhinde.com），它是弗朗西斯·德雷克（Francis Drakes）的帆船的复制品。继续沿着大教堂街（Cathedral Street）前往 ⓫ 萨瑟克大教堂（Southwark Cathedral）。一座雪花石膏纪念碑用以纪念威廉·莎士比亚，在这里彩色的玻璃窗前，有来自他作品中的人物雕塑。之后，您会在 ⓬ 博罗市场→P.86品尝美食小吃。也许你会遇见大厨杰米·奥利弗（Jamie Oliver）！往圣托马斯街（St. Tomas Street）方向看去，欧洲目前第二高楼映入眼帘——这就是由明星建筑师伦佐·皮亚诺（Renzo Piano）设计建造的碎片大厦→P.58。请您往伦敦桥的方向拐，走过图利街（Tooley Street），然后在泰

❽ 泰特现代美术馆

❾ 莎士比亚环球剧院

❿ 金色辛德二号

⓫ 萨瑟克大教堂

⓬ 博罗市场

伦敦

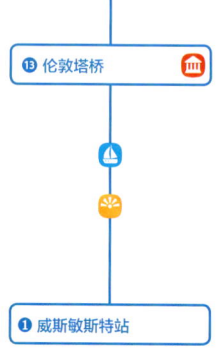

⓭ 伦敦塔桥

❶ 威斯敏斯特站

昭士河畔经过市政厅和 ⓭ 伦敦塔桥→P.59到北岸，在那里你可以买到南侧历史悠久的发动机室的展览门票，这不仅适合于科技迷，在那里，您爬上42米高的步行天桥，小心地走在玻璃桥面，==当桥为了大船通行而被部分打开时，尤为壮观。==

🕐 17:00 千禧塔在北岸码头，从 ★ 千禧塔码头（Tower Millenium Pier）乘坐观光游轮（🕐 每天上午10:00，船每40分钟一班 📞 020 77 40 04 00 @ www.citycruises.com）游览城市，欣赏伦敦的美景。从威斯敏斯特码头出发，您将回到 ❶ 威斯敏斯特站。

❹ 不只属于周日的散步之旅

起点: ❶ 威斯敏斯特站
终点: ❿ 肯辛顿宫

半天
步行时间
2.5小时

路程：
➡ 9千米

费　用： ❹ 惠灵顿拱门门票4.7英镑；在 ❻ 蛇形湖上乘船旅行：每小时12英镑，半小时10英镑；❿ 肯辛顿宫门票16.5英镑，饮食45英镑。

注意事项： 这条路线适合4—10月，其余时间租船服务不开放。

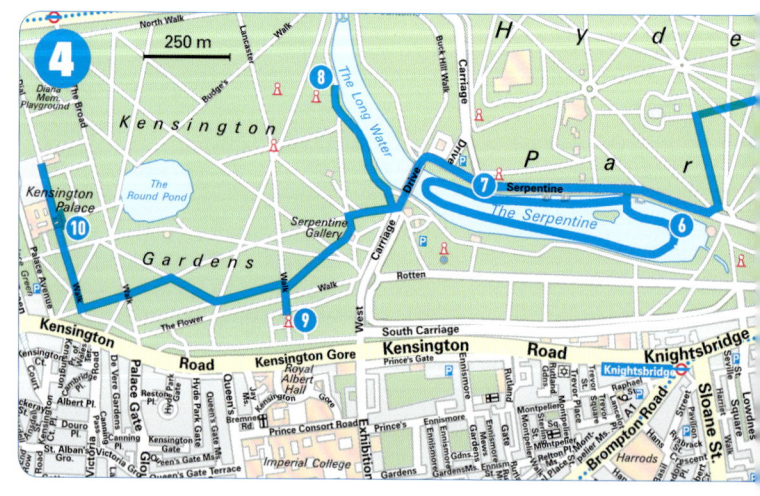

独特体验之旅

伦敦的公园非常适合野餐、慢跑和日光浴。特别是在夏天，茂密的绿洲随时欢迎您在玫瑰盛开时来此散步或在蛇形湖上划船。您将步行穿过伦敦西部的4个皇家公园。

11:00 从地铁 ❶ 威斯敏斯特站右转进入泰晤士河畔的桥街（Bridge Street）。右转进入国会大街（Parliament Street），然后左转进入查尔斯国王街（King Charles Street）。当您越过骑马卫兵路（Horse Guards Road）时，您就进入了 ❷ 圣詹姆斯公园。右手边，约克公爵纪念柱（Duke of York Column）的青铜雕像越过树梢，迎接人们的到来。雕像虽高，却被世人嘲笑，因为公爵（1763—1827）曾试图逃脱债权人的追债——去世时，他欠了200万英镑！池塘之上架有一座桥，从那里可以欣赏到白金汉宫→P.36的美景。请您左转并沿着池塘走，直到您看到维多利亚女王纪念碑前的一条向右弯曲的小径。穿过林荫路，您就到达了 ❸ 格林公园，一个拥有较少树木的广阔草地区，在第二次世界大战期间作为麻风病人墓地、狩猎场和菜园被使用过。沿着与宪法山（Constitution Hill）平行的小径前往海德公园角（Hyde Park Corner），穿过地下通道，您将抵达 ❹ 惠灵顿拱门（Wellington Arch）（🕐 每日10:00—16:00）。这座凯旋门原先是伦

❶ 威斯敏斯特站

❷ 圣詹姆斯公园 🌼 ❗

❸ 格林公园 🌳

❹ 惠灵顿拱门 🏛 🌼

伦敦

伦敦的阳光最适合在格林公园的绿地上享受

敦最小的警察站。今天,您可以在上面欣赏美景。1775年设计的阿普斯利大厦(Apsley House)酒店拥有美妙的"伦敦1号"——这是海关护栏后面的第一座房子。惠灵顿公爵从1817年起就住在这里,直到他1852年去世。

12:00 通过阿普斯利大厦后面的银丝勾边的伊丽莎白女王门(Queen Elizabeth Gate),您就进入了海德公园→P.32:1.45平方千米的草坪、古树林、大片花坛和雕塑。沿着情人步行道(Lover's Walk)散步,经过阿基里斯雕像(Achilles Statue)走向演说者之角。**5** 7月7日纪念馆(7 July Memorial)用52根钢柱纪念2005年7月7日炸弹袭击事件的受害者。请您向左走,穿过海德公园,到达 **6** 蛇形湖(Serpentine Lake)。左手边是蓝鸟船(Blue Bird Boats)的船库(🕐 4—10月提供船只租赁服务,从每天上午约10:00至日落时分 📞 020 72 62 19 89)。您可以从不同的角度体验公园。在手划船或踏板船上进行一场小型比赛之后,请您沿着水面行进。就在蛇形桥前不远处,您会看到 **7** 三角亭(The Triangle)(💴 £)。停下来休息一下,欣赏对岸的景色,远望海水浴场和桥后面充满水的花岗岩椭圆形水池——戴安娜—威尔士王妃纪念喷泉。100多年来,圣诞节那天,在蛇形湖上会举行"彼得·潘"游泳比赛,写下这个不会长大的男孩的故事的作

5 7月7日纪念馆
6 蛇形湖
7 三角亭

独特体验之旅

者詹姆斯·马修·巴里（James Mat-thew Barrie，1860—1937）曾经出席这个比赛。

14:30 在过桥后，向右转，向北前行，沿着水走，您会看到小小的 ⑧ 彼得·潘雕像（Peter Pan Statue）：彼得·潘带着长笛，被松鼠和老鼠包围着。巴里亲自委托雕刻家弗兰普顿（G. Frampton）完成这个雕塑，并于1912年将其竖立与此。请您回到桥上然后右转，这样，就能从海德公园一条不起眼的小路到达肯辛顿公园。沿着步行小径走向蛇形画廊（Serpentine Gallery），右转进入花径（Flower Walk），您将看到位于左手边的 ⑨ 艾伯特纪念碑 →P.31。右转，⑩ 肯辛顿宫 →P.32 现在就在您的左边。长途步行和游船旅行之后，丰盛的下午茶是不错的选择。请您在公园里的 当地锦囊➔橘园咖啡馆（The Orangery ⏰ 10:00—16:00 ¥ £ ☎ 020 31 66 61 13 @ www.orangerykensingtonpalace.co.uk）喝一杯皮姆酒，这是英国经典的夏季饮品！

⑧ 彼得·潘雕像 ❗

⑨ 艾伯特纪念碑 ❗

⑩ 肯辛顿宫

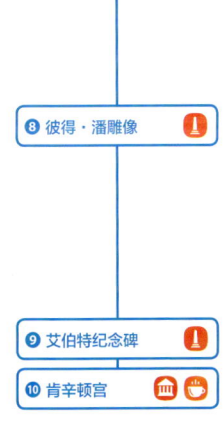

5 切尔西：富有、时髦又现代化

起点：❶ 斯隆广场地铁站 终点：❽ 卡多根音乐厅	半天 步行时间 1小时15分钟
路程： ➔ 4千米	
费　用： ¥ 门票25英镑，饮食30英镑。	
注意事项： ❹ 切尔西药材园周六关门 ❺ 切尔西皇家医院周六、周日关门。❻ 卡多根音乐厅的票要提前预订。	

请在切尔西四处漫步。著名的金斯路上有众多精品店和咖啡馆。这个时尚的区域曾经是嬉皮士聚集的地方，还曾是戴安娜王妃举办聚会之地，现在则是现代艺术的殿堂。在旅行中，您会发现迷人的商店、历史悠久的房屋、穿红色燕尾服的男士，领略泰晤士河的美妙——这次旅行是一次艺术、时尚、自然和历史的融合。

12:00 从 ❶ 斯隆广场地铁站 往左走就到了金斯路。金斯路（King's Road，即国王路）的名字可以追溯到 卡尔二世国王（Karl Ⅱ），他下令修建了这条

❶ 斯隆广场地铁站

伦敦

- ❷ 萨奇美术馆
- ❸ 夏纳步道

道路。在20世纪60年代和70年代，这里是嬉皮文化的中心，维维安·韦斯特伍德（Vi-vien Westwood）在此开设了她的朋克商店。20世纪80年代，切尔西变成了有黛安娜王妃烙印的时尚生活区。今天，时尚品牌店、古董店、小咖啡馆和酒吧鳞次栉比。左侧是世界闻名的❷萨奇美术馆→P.34，这里收藏了大量的当代艺术作品。免费展览展示了国际艺术界的动向。请您漫步于独家经营的小品牌的商店。在切尔西庄园街（Chelsea Manor Street）的拐角处，您会发现以藏品丰富的古董和艺术博览会而闻名的旧市政厅（Old Town Hall）。继续向左进入奥克利街（Oakley Street），这条街通向优雅而线条柔和的皇家艾伯特桥（Royal Albert Bridge），该桥经过昂贵的翻新后于2011年重新开放。在桥前左转，进入著名的❸夏纳步道→P.32，这曾经居住过很多名人——房屋上的蓝色牌子为您指出他们的故居。作家亨利·詹姆斯（Henry James）住在这条步道的21号，诗人和画家但丁·加百列·罗塞蒂（Dante Gabriel Rossetti）住在16号，作家乔治·艾略特（George Eliot）住在4号，3号房子里住过基思·理查兹（Keith Richards）——滚石乐队的吉他手。在

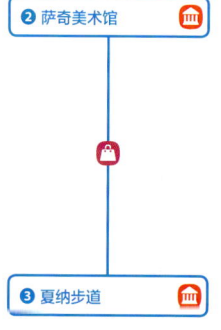

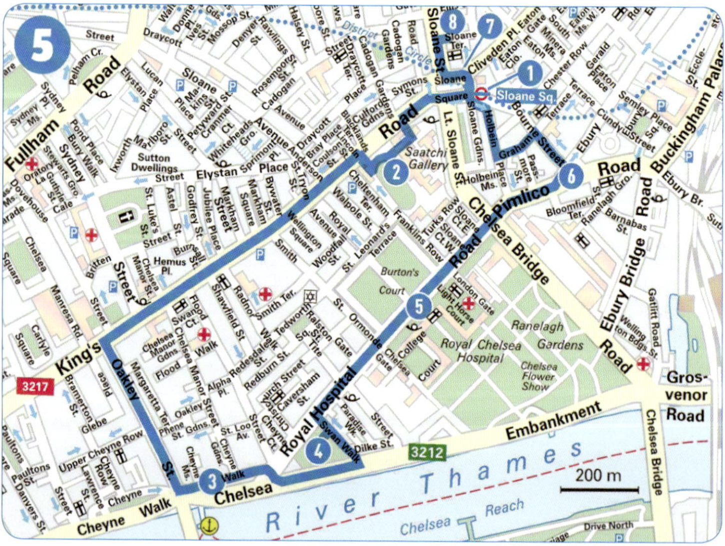

独特体验之旅

路的尽头向右走,沿着路继续行走在切尔西堤岸左侧。

14:00 您已经通过了 ❹ 切尔西药材园→P.31 的山麓,请从天鹅步道的左边进入。请您在这里的各种有药用价值的植物间穿行,并在花园里享受橘梦咖啡厅(Tangerine Dream Cafe)(¥ £ ☎ 020 73 49 64 64)的咖啡,休息一下。这条路继续向前,通往皇家医院路(Royal Hospital Road)。如果您在街上受到穿红色燕尾服的绅士的欢迎,请不要感到惊讶。❺ 切尔西皇家医院(Royal Hospital Chelsea)(🕒周一到周五10:00—16:00,希望游客捐赠 @ www.chelsea-pensioners.co.uk)这里是英国退伍军人的住所,由克里斯托弗·雷恩设计,在1692年完成。进入维护良好的医院,您会为大厅墙壁上的木镶板上刻有的国家军事历史而惊叹。请您看看对面的小教堂和公园方向的泰晤士河。5月时,著名的切尔西花展在这里举行,这是英国园艺界的一件大事。这条旅行路线将经由皮姆利科路(Pimlico Road),直到 ❻ 橙色广场(Orange Aquare)。当地锦囊 请您在 RChocolate(🏠 198 Ebury Street)店里喝一杯热巧克力。推荐您在周六再次来到这里,见识一下当地农家市场的经营:市场上有来自肯特郡的鱼和自种的新鲜香蒜。

伦敦爵士音乐节在卡多根音乐厅举办

17:00 这一天以美好的晚餐和音乐会作为结束。您可以回到斯隆广场。在 ❼ Cote(🏠 7~12 Sloane Square 🕒 7:00—23:00,戏前套餐12:00—19:00 ¥ £ ☎ 020 78 81 59 99 @ www.cote-restaurants.co.uk)有为即将邓看戏剧的人准备的戏前套餐。酒足饭饱之后,继续前进,环绕广场,然后右转进入斯隆街,直到斯隆露台(Sloane Terrace)。下一个目的地是 ❽ 卡多根音乐厅→P.97,几乎每晚7:00,这里都会上演不同类型的音乐会:从吉他音乐会、管弦乐团表演到伦敦爵士音乐节表演。

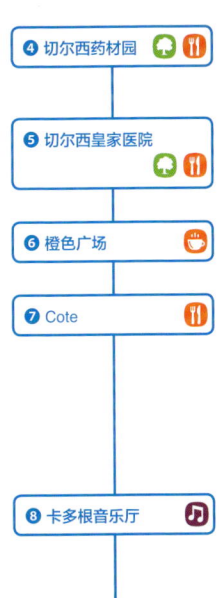

- ❹ 切尔西药材园
- ❺ 切尔西皇家医院
- ❻ 橙色广场
- ❼ Cote
- ❽ 卡多根音乐厅

带着孩子旅行

　　带着孩子游伦敦？听起来不轻松。但不要担心，无论是幼儿、儿童还是青少年，在这里都可以找到适合他们的娱乐活动。可以在网站 @ www.visitlondon.com/things-to-do/activities/family-activities 上查询伦敦适合儿童的活动和去处。

室内活动

　　免费的博物馆是对出行家庭的最好福利：科学博物馆（P.35）为幼儿提供一场水和光的景观，稍大点儿的孩子更喜欢这里的互动实验。在自然史博物馆（P.33），孩子们甚至可以在恐龙旁边过夜。郡议事厅（P.120）有几个吸引人的景点：在伦敦海洋生物水族馆（Sea Life London Aquarium），人们可以见到各类生活在海洋中的大鱼和小鱼。伦敦地牢（12岁及以上）令大人小孩都浑身起鸡皮疙瘩，是非常难忘的体验。史莱克冒险体验馆（6岁以上）带有特效的冒险，将为孩子们带来神奇的体验。如果您想与电影或音乐明星见面，可以参观杜莎夫人蜡像馆（P.62）。或者，您更想和亲爱的骑士和公主在伦敦塔（P.53）里玩？如果您同时预订几个景点的门票，即使预订的是家庭门票，也会更便宜。在伦敦以外，大约半小时车程的利弗斯登（Leavesden），有华纳兄弟工作室（Warner Brothers Studio @ www.wbstudiotour.co.uk），人们可以跟随着哈利·波特的脚步，参观这里的布景。

户外活动

　　当巨型摩天轮——伦敦眼（P.55）的玻璃轿厢在城市上空升起时，您会感到激动不已。令人兴奋的还有弗朗西斯·德雷克爵士的船"金色辛德二号"。玩耍和游玩的地方有戴安娜纪念游乐场（折页C7）（Diana Memorial Playground），在肯辛顿公园有一艘海盗船，在巴特西公园（折页F12）西南角有冒险游乐场，这里有沙坑、滑梯和攀爬绳索。在伦敦动物园（折页F-G2）（London Zoo @ www.zsl.org/zsl-london-zoo）可以看到许多动物，如猴子、狮子、河马、企鹅和长颈鹿。乘伦敦水上巴士（London Waterbus @ www.londonwaterbus.

> 作为一座多样、绿色的大城市,伦敦不仅仅有博物馆和动物园,还给孩子们带来了很多趣味。

com),从"小威尼斯"经过摄政运河是独特的体验。想在泰晤士河上划船,您需要一张城市旅游门票(P.138)或者乘坐伦敦鸭子旅游(Duck Tour @ www.londonducktours.co.uk)的黄色水陆两用车辆。开往伊丽莎白女王奥林匹克公园(P.62)的轻轨列车(P.137)给人一种奇妙的感觉。在公园里,孩子们在弓形滑道上向下滑行。稍大点的孩子可以参加52米高的"城市登山(Urban Mountaineering)"。使用攀岩装备和头盔,孩子可以在格林尼治的O2 Arena体育场馆的屋顶上行走(年龄10岁以上或身高1.20米以上者 @ www.theo2.co.uk/do-more-at-the-o2/up-at-the-o2)。

购物与饮食

在莱斯特广场的M&M豆的世界(折页 I6)(M&M's World)有色彩缤纷的巧克力豆。对面,乐高的塑料积木玩具层层堆叠。不要错过这里最大的玩具店——哈姆雷玩具店(折页 H6)(Hamley's),一个有好多层楼的天堂!这里靠近牛津街,年轻的购物者是牛津街狂热购物的主力军。

面对着饥肠辘辘的儿童,人们常常能在大型博物馆的咖啡馆里找到儿童菜单,有些博物馆有自助式的野餐区。当你要求为儿童提供儿童座椅时,就可以看出一个地方对儿童的友好程度。酒吧不欢迎儿童,餐厅在晚餐时同样不欢迎儿童,不允许他们留在酒吧区。带儿童的家庭能在Wahaca(折页 K6)(🏠 66 Chandos Place @ www.wahaca.co.uk)找到好吃的墨西哥炸玉米饼,在汤姆的厨房(折页 Q6)(Tom's Kitchen 🏠 1 Commodity Quay @ www.tomskitchen.co.uk)、比萨使者(P.70)以及周日下午的泽德酒馆(P.74)找到好吃的食物。

每月节庆与活动

伦敦人对传统、仪式和华丽的制服有着特别的感情,上到王室下到普通市民,都知道如何在重要场合保持良好的举止。伦敦的文化多种多样,节日也多种多样,向广大民众开放。从城市杂志 *Time Out*(⊙ 周二刊发 @ www.timeout.com/london/)中,人们可以知道,何时何地会有什么样的活动。

节庆/活动

1月

1月1日 伦敦游行:新年游行于中午12:00从丽兹酒店出发。@ www.londonparade.co.uk

1月和2月

中国新年:农历新年(农历1月1日)传统上以舞龙和舞蹈庆祝。@ www.chinatownlondon.org

3月

3月17日 圣帕特里克节(St. Patrick's Day):爱尔兰国庆节。在离这一天最近的周日,人们游行穿过市中心,在特拉法尔加广场上庆祝节日。@ www.visitlondon.com

4月

伦敦马拉松:4万名参赛者参赛,其中一些参赛者并不是投身于竞技,而是穿上奇特的服装,招摇过市。@ www.virginmoneylondonmarathon.com

5月

5月底 切尔西花展(Chelsea Flower Show):重要的花卉和园艺展览。@ www.rhs.org.uk

6月

第二个周六或第三个周六 英国皇家军队阅兵仪式(Trooping the Colour):伊丽莎白二世女王的生日游行——骑兵卫队巡游。@ www.trooping-thecolour.co.uk

从6月底开始 温布尔登网球锦标赛(Wimbledon Lawn Tennis Championships):著名的国际草地网球锦标赛。@ www.wimbledon.com

7月

7月中旬至9月中旬 ★海滨长廊音乐会(Promenade Concerts):皇家艾伯特大厅的古典音乐会。@ www.bbc.co.uk/proms

8月

8月初 大英啤酒节(Great British Beer Festival):500桶啤酒和苹果酒,位于伯爵宫(Earls Court)。@ www.gbbf.org.uk

最后一个周日、周一 ★诺丁山狂欢节（Notting Hill Carnival）：在夏季伦敦诺丁山地区街头狂欢节，请穿上彩色的、富有想象力的服装。@ www.thelondon nottinghillcarnival.com

9月

当地锦囊 泰晤士河节（The Mayor's Thames Festival）：伦敦最大的户外文化节，包括泰晤士河周边的活动和夜间狂欢节活动。@ www.totallythames.org

大河船赛（Great River Race）：在里士满和格林尼治之间超过33千米的约300支传统船只队伍参加的比赛。@ www.greatriverrace.co.uk

伦敦设计节（London Design Festival）：围绕维多利亚—艾伯特博物馆和其他地方的设计文化举办的为期10天的活动。@ www.londondesignfestival.com

10月

第一个周日 珍珠女王节（Pearly Queens）：穿着珍珠纽扣的服装的小贩，为了感恩一年的收获，在圣保罗大教堂、科文特花园庆祝。@ www.pearlysociety.co.uk

10月中旬至下旬 伦敦电影节（London Film Festival）。@ www.bfi.org.uk/lff

11月

11月5日或离此最近的周末 篝火之夜（Bonfire Night）：为了庆祝盖伊·福克斯于1605年11月5日炸毁国会的阴谋被粉碎，11月5日被定为篝火之夜。

11月第二个周六 伦敦市长就职游行（Lord Mayor's Show）。@ www.lordmayorsshow.london

11月中旬 爵士音乐节（Jazz Festival）：10天，放送最好的爵士音乐。国际音乐家在整个城市演出。@ www.visitlondon.com

12月

晚上，圣诞节歌曲会在特拉法尔加广场上响起。12月31日，人们欢庆新年。

节庆日

1月1日	新年
3/4月	耶稣受难日、复活节
5月的第一个周一	公共假日
5月的最后一个周一	公共假日
8月的最后一个周一	公共假日
12月25/26日	圣诞节

旅行随时查

网页／博客

www.curiocity.org.uk 这里独具特色的伦敦旅行地图一定会激发您的好奇，例如：伦敦解剖图（London Dissected），它将伦敦看作巨大的身体，主要道路是它的动脉，城市水路是它的淋巴。还可以跟随伦敦动物地图（London Bestiary）寻找这座城市的野兽。网上商店的地图售价5英镑。

www.londonslostrivers.com 伦敦消失的和现有河流的精彩集合。照片、历史记录和讲解会给您留下特别的印象。您还可以与作家保尔·特玲（Paul Telling）一起参观城市。

www.tidelineart.com 一位在海滨流浪、寻找有价值物品的女艺术家写下的关于生活的故事。

www.streetartlondon.co.uk 涂鸦、喷绘和模板画，这个网址让您随时了解不断变化的场景。

www.marcopolo.de/london 含有所有重要的信息、建议和互动路线规划，还有有趣的新闻报道以及令人兴奋的照片——这个网址堪称您的在线指南。

www.run-riot.com 每周更新的独立音乐播客，为您推送这座城市的地下和时尚文化。

www.spottedbylocals.com 伦敦人以极大的热情分享他们所发现的好去处，包括餐馆、市场、商店，这也是一个应用程序。

www.littleobservationist.com 英文博客，作者是一个自2007年以来生活在伦敦的纽约人，对艺术设计、商店和酒吧有许多独到见解。

> 无论是准备出行还是已到达，这些网址和信息都能够为您的旅行提供帮助。

视频／音乐

short.travel/lon8　随时关注伦敦文化和美食生活，Time Out编辑的最新推文。

short.travel/lon9　令人兴奋的历史混合照片拼贴画，从今天和以前的视角看伦敦桥梁的景色。历史照片来自19世纪末和20世纪初。

www.soundsurvey.org.uk　记录伦敦城的各种声音，不断更新。

short.travel/lon16　介绍地铁维多利亚线沿途值得一游之处，伦敦当地人会为您讲解地铁站的特色。

short.travel/lon17　历史电影片段，最古老的电影片段竟然来自1890年！过去的地图和今天的地图并置，展示了这个城市如何变迁。

short.travel/lon4　如果你怕高，可以从视频中的"伦敦眼"看城市景观，而不必亲自乘坐摩天轮。拥有高品质画质。

Apps

Smart Parents　通过应用程序为您和孩子提供合适的活动建议（@ www.hoop.co.uk）。

London Cycle　伦敦自行车租赁的免费应用程序，不仅能找到自行车租用站，而且可以实时显示有多少辆车可供选择，同时提供路径规划和成本预算。

Check in Easy　使用此应用程序，您可以被列入伦敦俱乐部和聚会的客人名单，然后享受低价入场待遇和免费饮料。

本出版社对以上网址提供的内容概不承担法律责任。

实用信息

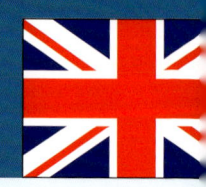

到达

从中国飞往伦敦希斯罗机场（Heathrow Airport，伦敦城西，最大的机场 @ www.heathrow.com）、斯坦斯特德机场（Stansted Airport，伦敦东北方向 @ www.stanstedairport.com）、盖特威克机场（Gatwick Airport，伦敦城南 @ www.gatwickairport.com）和卢顿机场（Luton, Airport，伦敦城北 @ www.london-luton.co.uk）。靠近市中心的伦敦城市机场（London City Airport @ www.londoncityairport.com）更适合商务旅客。往返机场的行程，您可以选择公共汽车、火车或地铁。最好在到达之前考虑一下，因为旅行时间长短不同。画册锦囊 提前预订通常更便宜。

从伦敦希思罗机场乘希思罗特快列车（¥36英镑起 @ www.heathrowexpress.com）可以在15分钟内到达帕丁顿站，乘地铁（@ www.tfl.gov.uk）需要17分钟，根据旅行时间和票的类型，价格12英镑起。伦敦城市机场由快速轻轨列车（P.137）提供服务（行程时间30分钟 ¥8~12英镑）。提示：请您在旅行之前拿到一张地铁和轻轨列车出行卡，如Travel Card 和Oyster Card。从伦敦斯坦斯特德机场出发，您可以乘坐斯坦斯特德快车（@ www.stanstedexpress.com）前往市中心，需要50分钟（¥往返32英镑）。从伦敦盖特威克机场到维多利业站，乘火车需要30分钟（¥12英镑起 @ www.thetrainline.com）。从伦敦卢顿机场到圣潘克勒斯需要乘30分钟的火车（¥24英镑起）。国家快运巴士（National Express Buses）在斯坦斯特德机场、盖特威克机场和卢顿机场都有运营。这种交通方式更便宜，但需要更长时间（90~120分钟 ¥17英镑起）。或者您可以乘坐Easybus，运行时间80~120分钟（¥4英镑起）。

绿色出行

旅行时，您也可以改变世界，比如时刻提醒自己在旅程中尽量选择较少二氧化碳排放的交通方式，学习如何以环保的方式规划您的路线。同时也要注意，尽量保护旅行国家的自然和文化。作为游客，保护自然环境、保护区域特色、减少自驾、节约用水等保护生态环境的举措是非常重要的，请务必多加关注。

信息中心

@ www.visitbritain.com @ www.visitlondon.com @ www.londononline.co.uk @ www.londontown.com @ www.timeout.com

金融城信息中心（City of London Information Center）（折页N5-6）

🏠 St. Pauls Churchyard ⏰ 周一至周六9:30—17:30，周日10:00—

从开始到结束：旅行中不可或缺的信息。

16:00 📞 020 73 32 14 56 @ www.cityoflondon.gov.uk/things-to-do 🚇 地铁中央线：St. Pauls站；地铁区域线：Blackfriars站

霍尔本信息亭（Holborn Information Kiosk）（折页K5）

🏠 88~94 Kingsway ⏰ 周一到周五8:00—18:00 🚇 地铁中央线、皮卡迪利线：Holborn站

汽车

在英国，适用靠左行驶的交通规则，这就意味着在环形交叉路口（环岛）右转优先。高速摄像机监控市中心的超速行为。在市中心，周一到周五7:00—18:00收取通行费和交通拥堵费[¥ 11.50英镑 📞 034 32 22 22 22（*）@ www.tfl.gov.uk/modes/driving/congestion-charge]。汽车协会（Automobile Association）联系方式为：📞 08 00 88 77 55 @ www.theaa.com。您可从各种供应商处获得租车服务，例如 @ www.easycar.com。

外交使馆

中国驻英国大使馆

🏠 49, Portland Palace, London W1B 1JL ⏰ 周一到周五（中、英节假日除外），9:00—12:00，14:00—17:00 📞 44（0）20 76 12 02 60 @ www.uk.chineseembassy.org

入境

您需要持有有效的护照和有效期内的英国签证。英国入境口岸设有3种通道：英国公民通道（British passport）、欧共体国家公民通道（EC countries）和其他国家公民通道（other passports）。中国公民应选择其他国家公民通道办理入境手续。工作人员一般会先核查拟入境者的来英身份或事由，然后会要求您提供相关证明文件。

自行车

使用城市自行车系统，您可以全天候租用带有三挡变速的坚固铝制自行车。●30分钟以内骑行是免费的！在伦敦市内，每400~500米就有一个由蓝色标示的牌子：租赁自行车服务。租车操作不难，通过维萨卡或万事达卡解锁自行车。自行车租赁服务范围在不断扩展。

失物招领

若您丢失了财物，出于保险理赔原因，应向警方报告损失。在地铁、公交车和出租车遗失财物，可咨询伦敦运输局失物招领处（折页F4）（Transport For London Lost Property Office 🏠 200 Baker Street ⏰ 周一到周五8:30—16:00 📞 034 32 22 12 34 @ www.tfl.gov.uk/helpand-contact/lost-property 🚇 Baker Street站）。

伦敦

健康

英国的全民医疗服务，保证凡居住在英国的人，无须取得保险资格即可在免费或低费用的情况下享受相当完善的医疗保健服务。紧急牙医（自费）：巴茨和伦敦牙科医院（折页R5）[Barts and The London Dental Hospital 🏠 Turner Street 📞 020 77 67 32 03（白天）📞 020 35 94 09 38（晚上和周末）🚇 地铁区域线：White Chapel站]

网络与无线网

现如今，伦敦市区有几乎无处不在的无线网络信号。许多咖啡馆提供无线网络服务。在酒店，这项服务经常是收费的。有250多个地铁站都提供无线网络。如果您是维珍会员（@ www.my.virginmedia.com/wifi），可以免费使用无线网络，其余情况则需支付每天2英镑或每周5英镑的无线网络使用费。

度量单位

1英寸=2.54厘米
1英尺=30.48厘米
1加仑=4.55升
1盎司=28.35克
1磅=453.6克

体育赛事

向足球明星致敬！英超联赛俱乐部阿森纳（@ www.arsenal.com）、切尔西（@ www.chelseafc.com）和托特纳姆热刺（@ www.tottenhamhotspur.com）的门票是很难买到的，您可以尝试在 @ www.viagogo.com上买票，或去看更小的俱乐部，如水晶宫（@ www.cpfc.co.uk）、富勒姆（@ www.whufc.com）、西汉姆（@ www.whufc.com）。参观温布利大球场（诺曼·福斯特的新作品）也同样不错。📞 080 01 69 99 33（*）@ www.wembleystadium.com 🚇 地铁大都会线：Wembley Park站

没有比这里更地道的英国板球场了。罗德板球场（折页D3）（Lord's Cricket Ground 🏠 St. John's Wood Road 📞 门票预订热线：020 74 32 10 00；020 76 16 85 95 🕐 导览10:00、11:00、12:00、13:00、14:00 ¥ 20英镑 @ www.lords.org 🚇 地铁银禧线：St. John's Wood站）。不喜欢板球的人，可以去特威克纳姆体育场（Twickenham Stadium 📞 门票预订：087 12 22 20 20），它是英国非常流行的英式橄榄球的伦敦主体育场。英式橄榄球博物馆 [Museum of Rugby 🕐 周二到周六10:00—17:00，周日11:00—17:00；博物馆导览周二到周六11:00、13:00、15:00，周日10:30、12:00、13:30、15:00（除了在比赛日）¥ 20英镑 🏠 Whitton Road, Twickenham 📞 020 88 92 88 77 @ www.englandrugby.com/twickenham/worldrugbymuseum 🚇 Twickenham站]。

实用信息

1品脱=0.57升
1码=0.91米
1英里=1.61千米

急救电话

急救电话为999（包括救护车、消防车、警察）。

公共交通

信息网站：@ www.tfl.gov.uk。地铁（tube）有12条用不同颜色标记的线路。除此之外还有轻轨列车（DRL, Docklands Light Railway）。在上车之前，您需要买一张日票。日票比单程票划算（1～6号区域9:30开始 ¥ 12.10英镑）。您也可以买一张Visitor Oyster卡，用来乘坐近程的公共交通（许多路线可以便宜50%）。在 @ www.visitbritainshop.com 网站上可以预订这种卡，起始账户额21.50英镑起，可以在地铁站充值。有这张卡，您每天可以多次乘坐公共交通，但是不能超过一个限定的次数，根据乘车区域不同，次数限制也不一样。账户剩余10英镑以下，您可以在机器上取回余额。长期旅行的游客，请购买Oyster卡，该卡会一次性支取一周或一个月的费用。您也可以在地铁和公共汽车上用信用卡付款（注意：信用卡将收取国外手续费）。

除乘坐地铁外，人们也可以在晚上乘坐夜班公交车，比如始发或者到达特拉法尔加广场的夜班公交车。24小时营业。

伦敦旅游信息（London Travel Information ☎ 034 32 22 12 34）设在利物浦街、维多利亚、希思罗机场的火车站。

邮局

欧洲境内每封信件限重20克以内，邮费 ¥ 1.05英镑。寄往中国则需 ¥ 1.25英镑（2018年）。中央邮局（折页 K6）：🏠 24～28 William Ⅳ Street ⏰ 周一到周五8:30—18:30，周六9:00—17:30 🚇 地铁贝克鲁线、北线：Charing Cross站。

货币汇率

这里流通的货币是英镑（£，口语称quid）和100便士（p）。1元人民币=0.1140英镑，1英镑=8.7716元人民币（汇率随时变化）。由于税收高，货币的有效购买力较低，特别是烈酒和香烟。在自助取款机取现收手续费，每笔款大约收4.30英镑。在机场，费用可能更高。维萨和万事达卡被广泛使用。

城市观光与乘船旅行

● 开放式的红色双层巴士有3条路线，在司机处可以买票（有效期24小时 ¥ 30英镑），也可以在 @ www.theoriginaltour.com 网站买票（¥ 26英镑起），还可以在 🏠 17～19 Cockspur Street买票。大巴士公司（Big Bus Company）会有现场讲解或乐队演出（@ www.eng.bigbustours.com/london/home.html ¥ 在线预订23英镑起，巴士工作人员处也售票 ☎ 020 78 08 67 53）。两家供应商所出售的票都包括河上游船项目。

伦敦

跟着伦敦皮艇之旅（London Kajak Tour ☏ 084 54 53 20 02 @ www.londonkayaktours.co.uk）划皮划艇畅游泰晤士河很有趣！从温莎、汉普顿宫或摄政运河出发，有划船经验者和初学者都可以尝试。

城市游轮（City Cruises）在泰晤士河上开辟了一条非常好的观光路线（¥ 12.70英镑起）。伦敦自行车旅游公司（London Bicycle Tour Company @ www.londonbicycle.com 🏠 Gabriel's Wharf 1a, 56 Upper Ground ☏ 020 79 28 68 38 🚇 地铁银禧线：Southwark站）组织由导游带领的自行车之旅每日10:30开始，==当地锦囊 10:15其至有英语之外的其他语种导游==（¥ 24.95英镑 ⏱ 持续3小时，需要报名）。

电

电源电压为240伏，频率为50赫兹。插座为三脚，有开关。需要转换适配器。

出租车

在伦敦的全电力驱动出租车（black cabs，通常是黑色的，有时也有其他颜色）上，您不会被漫天要价。当FOR HIRE/TAXI标志点亮时，汽车是空车。您可以从Dial-a-cab预订出租车（信用卡预订 ☏ 020 72 53 50 00 @ www.dialacab.co.uk）。迷你出租车（Minicabs）——安德森·李（Addison Lee ☏ 020 74 07 90 00 @ www.addisonlee.com）、粉色女士出租车公司（Pink Ladies

伦敦天气

	1月	2月	3月	4月	5月	6月	7月	8月	9月	10月	11月	12月
日间气温（°C）	6	7	10	13	17	20	22	21	19	14	10	7
夜间气温（°C）	2	2	3	5	8	11	13	13	11	8	5	3
☀ 每天日照时长	2	2	4	6	7	7	7	6	5	3	2	1
☂ 每月降雨天数	11	9	8	8	8	7	7	7	9	9	10	9

实用信息

Taxi Company ☎ 084 32 08 74 65 @ www.pinkladies.co.uk 为女性乘车安全服务，配备女性司机（在线注册）。

电话与手机

电话亭接受信用卡或硬币。英国拨号代码：0044；区号的零（伦敦的020）可以省略。中国代码为0086。在伦敦，您打电话只需拨打手机号码的最后8位数字，在前面加上020。手机号码以零开头，拨打国外的电话，前面不需要加零。特拉法尔加广场附近的手机零售店卡冯·维尔豪斯（Carphone Warehouse 🏠 434 Strand）售卖各种运营商的手机SIM卡（¥ 10英镑）。托滕汉姆庭院路上的绿色太阳能电话亭提供免费充电站。

小费

小费通常写在用餐账单上，通常为餐费的10%~15%。在酒吧不需要支付小费。酒店搬运工期望每件行李得到1英镑的小费。

时间

格林尼治标准时间比中国北京时间晚8小时。

关税

英国的增值税是20%，但还要扣除退税公司的手续费，最后您到手的价格大概只有你支付价格的12%左右。

伦敦希思罗机场在安检之前就能办理完所有退税事宜。全世界的机场只要有中国航班的退税区域，队伍一定排得很长，您最好提前5小时到机场，需要有足够的耐心等待退税。记得要整理好需要退税的商品，以便检查核对。

它们值多少钱

咖啡	约为3英镑
	在咖啡馆
啤酒	约为7.9英镑
	1升，在酒吧
炸鱼片	约为7.8英镑
	一片15厘米长，在快餐店
电影	约为12.10英镑
	一张票
出租车	约为9英镑
	每英里（1.61千米）

教你当地话

常用表达

是/否/可能	yes/no/maybe
请/谢谢	please/thank you
对不起!	Sorry!
打扰一下!	Excuse me!
我能……吗?	May I ...?
请再说一下好吗?	Pardon?
我想……/您有……吗?	I would like to .../Have you got ...?
……多少钱?	How much is ...?
我(不)喜欢这个。	I (don't) like this.
好/坏	good/bad
开门/关闭	open/closed
坏了/不能工作	broken/doesn't work
请帮忙!/注意!/小心!	Help!/Attention!/Caution!

问候/告别

早上好!/下午好!	Good morning!/afternoon!
晚上好!/晚安!	Good evening!/night!
你好!/再见!	Hello!/Goodbye!
再见!	Bye!
我叫……	My name is ...
您/你叫什么名字?	What's your name?
我来自……	I'm from ...

日期/时间

周一/周二	Monday/Tuesday
周三/周四	Wednesday/Thursday
周五/周六	Friday/Saturday
周日/工作日	Sunday/weekday
假日	holiday
今天/明天/昨天	today/tomorrow/yesterday

您会说英语吗?
这里有重要的常用词汇和表达方式。

小时/分钟	hour/minutes
白天/晚上/一周	day/night/week
月/年	month/year
几点了?	What time is it?
3点了。	It's three o'clock.

交通

左/右	left /right
直走/往回走	straight ahead/back
近/远	near/far
入口/驶入口	entrance/driveway
出口	exit
起飞/到达	departure/arrival
我能为您拍张照吗?	May I take a picture of you?
……在哪里?	Where is ...?/Where are...?
卫生间/女士/男士	toilets (restrooms)/ladies/gentlemen
公交车/电车	bus/tram
地铁/出租车	underground/taxi
停车场	parking place/car park
城市地图/地图	street map/map
火车站/码头	(train) station/harbour
飞机场	airport
车次表/车票	schedule/ticket
火车/轨道	train/track
单程/往返	single/return
我想要租……	I would like to rent ...
一辆车/一辆自行车	a car/a bicycle
加油站	petrol station
汽油/柴油	petrol/diesel
故障/修理厂	breakdown/garage

伦敦

用餐

请您今晚预留一张四个人的桌子。	Could you please book a table for tonight for four?
请给我菜单。	The menu, please.
我能要……吗?	May I have ...?
刀/叉/汤匙	knife/fork/spoon
盐/胡椒粉/糖	salt/pepper/sugar
醋/油	vinegar/oil
牛奶/奶油/柠檬	milk/cream/lemon
加/不加冰/汽	with/without ice/gas
素食主义者/过敏	vegetarian/allergy
结账。	May I have the bill, please?
账单/收据	invoice/receipt

购物

我在哪里可以买到……?	Where can I find ...?
我想要 ……/我在找 ……	I would like to .../I'm looking for ...
药店/药房	pharmacy/chemist
面包店/市场	bakery/market
食品杂货店	grocery
超市	supermarket
100克/1 千克	100 gram/1 kilo
贵/便宜/价格	expensive/cheap/price
更多/更少	more/less
有机的	organic

住宿

我预订了一个房间。	I have booked a room.
您还有……吗?	Do you have any ... left?
单人间	single room
双人间/两张单人床	double room/twin room
早餐/半膳宿	breakfast/half-board
全膳宿	full-board
淋浴/泡澡	shower/bath
阳台/露台	balcony/terrace

教你当地话

钥匙/房卡	key/room card
行李/箱子/包	luggage/suitcase/bag

银行/货币

银行/自动取款机	bank/ATM/cash machine
密码	pin
我想要换……欧元。	I'd like to change ... Euro.
现金/储蓄卡/信用卡	cash/ATM card/credit card
纸币/硬币	note/coin
零钱	change

交流/媒体

我在找充值卡。	I'm looking for a prepaid card.
我在哪里能找到网络接口?	Where can I find internet access?
我需要拨区号吗?	Do I need a special area code?
电脑/电池/充电电池	computer/battery/rechargeable battery
@符号	at symbol
网络连接/WLAN	internet connection/WiFi (auch: Wireless LAN)
电子邮件/文件/打印	email/file/print

数字

0	zero	30	thirty
1	one	40	fourty
2	two	50	fifty
3	three	60	sixty
4	four	70	seventy
5	five	80	eighty
6	six	90	ninety
7	seven	100	(one) hundred
8	eight	1 000	(one) thousand
9	nine	10 000	ten thousand
10	ten	1/2	a/one half
20	twenty	1/4	a/one quarter

索引

20 Fenchurch Street 芬丘奇街20号 54
7 July Memorial 7月7日纪念馆 124
Albert Memorial 艾伯特纪念碑 31, 125
All Saints 诸圣教堂 42
Arcelor Mittal Orbit 安赛乐米塔尔轨道塔 62
Bank of England Museum 英格兰银行博物馆 49
Bankside 岸边区 55
Banqueting House 国宴厅 36
Battersea 巴特西 13
Battersea Park 巴特西公园 128
Beatles 披头士乐队 44
Berwick Street Market 贝里克街市场 70
Bevis Marks Synagogue 贝维斯马克斯犹太会堂 50
Big Ben 大本钟 28, 38, 114
Bloomsbury 布卢姆斯伯里 10, 41
Brick Lane 红砖巷 78
Brick Lane Market 红砖巷市场 86
Brick-Lane-Moschee 红砖巷清真寺 117
British Film Institute 英国电影协会 96
British Library 不列颠图书馆 43
British Museum 大英博物馆 44
Buckingham Palace 白金汉宫 36, 114
Bunhill Fields 邦西田园 50
Cabinet War Rooms 丘吉尔作战室 38
Cadogan Hall 卡多根音乐厅 97, 127
Camden 卡姆登 24, 60
Camden Market 卡姆登市场 86
Canary Wharf 金丝雀码头 12
Cartoon Museum 卡通博物馆 44
Charling Cross Road 查灵克罗斯路 79, 115
Chelsea 切尔西 28, 30, 125, 130
Chelsea Physic Garden 切尔西药材园 31, 126
Cheyne Walk 夏纳步道 32, 26
Christ Church 基督教堂 117
Cleopatra's Needle 克利奥帕特拉之针 120
Clerkenwell 克勒肯维尔 48
Covent Garden 科文特花园 41, 78, 90
Covent Garden Piazza 科文特花园广场 45
Dalston 达尔斯顿 12, 90
Dennis Severs House 丹尼斯世家博物馆 116
Dickens' House 狄更斯之家 45
Downing Street 唐宁街 38, 114

Duke of York Column 约克公爵纪念柱 123
East End 东区 10, 90, 116
Elizabeth Tower 伊丽莎白塔 39
English National Opera 英国国家歌剧院 98, 115
Eton College 伊顿公学 24, 64
Floral Street 花街 79
Garden Museum 花园博物馆 55, 114
Golden Jubilee Bridge 金色千禧桥 12
Green Park 格林公园 12, 123
Greenwich 格林尼治 10, 51, 60
Hackney 哈克尼 12
Hampstead 汉普斯特德 10, 61
Hampstead Heath 汉普斯特德郊野公园 27, 61
Hampton Court Palace 汉普敦宫 61
Händel & Hendrix House 韩德尔和亨德里克斯故居 38
Harrods 哈罗德商场 30, 83
Henry's Mound 亨利高地 25
Heron Tower 苍鹭大厦 50
Highgate Cemetery 高门墓地 61
Holborn 霍尔本 48
Horse Guards Building 皇家骑兵护卫队大楼 38, 114
Houses of Parliament 国会大厦 38, 114
Hoxton 霍斯顿 12
Hoxton Square 霍斯顿广场 118
Hungerford Bridge 亨格福德桥 12
Hyde Park 海德公园 12, 32, 124
Imperial War Museum 帝国战争博物馆 55
Inns of Court 法学会 55
Jewish Museum 犹太博物馆 60
Kensington 肯辛顿 11, 30
Kensington Gardens 肯辛顿公园 31, 125, 128
Kensington High Street 肯辛顿大街 30
Kensington Palace 肯辛顿宫 32, 125
King's Cross Station 金斯克罗斯站 42, 45
King's Place 国王之地 46
King's Road 金路3 30, 79, 125
Knightsbridge 骑士桥 30
Lambeth Bridge 兰贝斯桥 114
Leadenhall Building 利德贺大楼 51
Leicester Square 莱斯特广场 90

> 在此可查询书中涉及的重要地名和景点，后附相关页码。

Lloyd's Building 劳埃德大厦 51
London Dungeon 伦敦地牢 120，128
London Eye 伦敦眼 28，44，55，120，128
London Zoo 伦敦动物园 128
London's Transport Museum 伦敦交通博物馆 46
Madame Tussaud's 杜莎夫人蜡像馆 62，128
Mayfair 梅费尔 10，35
MI 6 Building 英国秘密情报局大楼 58
Millennium Bridge 千禧桥 12，55，57
Museum in Docklands 码头博物馆 62
Museum of London 伦敦博物馆 52
National Gallery 国家美术馆 28，46，114
National Maritime Museum 国家海洋博物馆 60
National Portrait Gallery 国家肖像美术馆 46
National Theatre 国家剧院 100
Natural History Museum 自然史博物馆 33，128
Nelson's Column 纳尔逊纪念柱 47，102
Notting Hill 诺丁山 12，62，131
Old Royal Naval College 老皇家海军学院 60
Old Truman Brewery 老杜鲁门啤酒厂 86，118
Oxford Street 牛津街 36，79，129
OXO Tower 牛津塔 61
Parliament Hill 国会山 61
Peckham 佩克汉姆 12
Peter Pan Statue 彼得·潘雕像 124
Piccadilly Circus 皮卡迪利广场 46，90，115
Portcullis House 保得利大厦 119
Portobello Road Market 波托贝洛路市场 87
Primrose Hill 樱草花山 27
Queen Elizabeth Olympic Park 伊丽莎白女王奥林匹克公园 62，129
Queen's Gallery 女王美术馆 36
Regent's Park 摄政公园 12
Regent's Canal 摄政运河 21
Richmond 里士满 27
Royal Albert Bridge 皇家阿尔伯特桥 126
Royal Albert Hall 皇家艾伯特大厅 34，99，130
Royal Mews 皇家马厩 36
Royal Observatory 皇家天文台 60
Royal Opera House 皇家歌剧院 99
Russell Square 罗素广场 42
Saatchi Gallery 萨奇美术馆 34，126
Sadler's Wells Theatre 莎德斯威尔斯剧院 100
Science Museum 科学博物馆 35，128
Sea Life London Aquarium 伦敦海洋生物水族馆 128
Serpentine Bridge 蛇形桥 32，124
Shakespeare's Globe Theatre 莎士比亚环球剧院 58，121
Sherlock Holmes Museum 福尔摩斯博物馆 63
Shoreditch 肖尔迪奇 10
Shrek's Adventure 史莱克冒险体验馆 120，128
Sir John Soane's Museum 约翰·索恩爵士博物馆 52
Sloane Square 斯隆广场 31
Soho 索霍 41
South Bank 南岸 54
Southall 绍索尔区 11
Southwark 萨瑟克 54，
Southwark Cathedral 萨瑟克座堂 121
Speakers' Corner 演说者之角 32
Spitalfields 斯皮特尔菲尔德 63
Spitalfields Market 斯皮特尔菲尔德市场 87，117
St James's 圣詹姆斯 10，35
St James's Park 圣詹姆斯公园 28，123
St. Martins College of Art & Design 圣马丁艺术设计学院 46
St. Paul's Cathedral 圣保罗大教堂 53，131
St. Stephen Walbrook 圣史蒂芬沃尔布鲁克教堂 49
St. Martin in the Fields 圣马丁教堂 28，46
St. Mary at Lambeth 圣玛丽兰贝斯教堂 55
St. Mary le Bow 圣玛丽波教堂 10，49
Tate Britain 泰特不列颠美术馆 40，114
Tate Modern 泰特现代美术馆 29，59，121
Thames Flood Barrier 泰晤士防洪墙 64
The Gherkin 黄瓜大楼 51
The Shard 碎片大厦 12，55
Tower Bridge 伦敦塔桥 59，121
Tower Hamlets 陶尔哈姆莱茨 11
Tower of London 伦敦塔 53，128
Trafalgar Square 特拉法尔加广场 11，28，47，130，131，137
Trinity Buoy Wharf 三浮标码头 64
University of London 伦敦大学 42
Vauxhall 沃克斯霍尔 13

伦敦

Victoria & Albert Museum 维多利亚-艾伯特博物馆 35
Victoria Memorial 维多利亚女王纪念碑 37，123
Wellington Arch 惠灵顿拱门 123
Westminster 威斯敏斯特 35，123
Westminster Abbey 威斯敏斯特教堂 40，114
Westminster Bridge 威斯敏斯特大桥 102，107
Westminster Cathedral 威斯敏斯特大教堂 41，114
Whitehall 白厅 28，114
Wimbledon 温布尔登 64，130
Wimbledon Lawn Tennis Mus. 温布尔登网球博物馆 64
Windsor Castle 温莎城堡 64

图片来源

封面图片：威斯敏斯特大桥和大本钟（Look/ age fotostock）

图 片：R. Freyer（P.106/107）；Getty Images：D. M. Benett（P.24），T. C. French（P.68），Maremagnum（P.90/ 91）；Getty Images/ Redferns：G. Stewart（P.127）；Getty Images/ WireImage：J. Okpako（P.95）；GuerrillaGardening.org：Richard Reynolds（P.20上）；huber-images：M. Carassale（P.10/ 11），J. Foulkes（P.52，60），Kremer（P.58/ 59），H. P. Merten（P.6下，P.28/ 29，P.130/ 131），M. Rellini（P.40，P.120上），R. Taylor（折页左，P.36，P.45，P.63，P.132下）；Laif：G. Azumendi（P.47），T. Kierok（P.128），S. Multhaupt（P.118），M. Sasse（P.17，P.66/ 67，P.99，P.133），D. Schwelle（P.3，73）；Laif/ Loop Images：B. Allsopp（P.39），Q. Bargate（P.8/9），R. Leaver（P.124），S. Montgomery（P.19），E. Nathan（P.71）；Laif/ Polaris：D. Leal-Olivas（P.128/ 129），S. Lock（P.64/ 65），D. Tacon（P.102/ 103）；Laif/ robertharding：M. Lange（P.42）；Look/ age fotostock（P.1）；mauritius images：S. Vidler（P.84，P.130，P.131），J. Warburton-Lee/ J. Sweeney（P.14）；mauritius images/ age（P.7，P.13，P.32）；mauritius images/ Alamy：（P.15，P.16，P.18，P.21上，P.54，P.76右，P.80，P.89，P.104），S. Turner（P.111）；mauritius images/ Axiom Photographic：C. Bowman（折页右）；Mauritius images/ Cultura：W. Perugini（P.112/ 113）；mauritius images/ foodcollection（P.76左）；mauritius images/ imagebroker/ XYZ Pictures（P.34）；mauritius images/ Loop Images：T. Anggamulia（P.26）；mauritius images/ United Archives（P.98）；mauritius images/ View Pictures：（P.83，P.92），G. Smith（P.78/ 79）；mauritius images/ Westend61：A. Pacek（P.129）；picture-alliance/ dpa（P.6上，P.22/ 23）；vario images/ TipsImages（P.77）；B. Weber（P.5右上）；Franz Marc Frei（P.20中）；Martin Sasse（P.20下）

本书地图系原版书地图

禁忌事项

驾车

在伦敦开车不是一个好主意:这里的道路网令人困惑,交通拥挤,停车费高得惊人(每天高达47英镑)。这座城市充满了高速摄像机,伦敦的司机已经习惯了并且都很有耐心地遵守规则。

堵住自动扶梯

伦敦的居民经常很匆忙。因此,在地铁自动扶梯上您也应该留下走路空隙,以便别人先行。"左行右立"是这里的一种不成文规定。

忘记说"请"

在商店或餐厅订购时,请始终在您的句子上加上"请"。这是很有礼貌的。对于英国人来说,这样做会让人感觉比较友好。

只打卡热门景点

如果你只游览伦敦的杜莎夫人蜡像博物馆、伦敦塔、大本钟、莱斯特广场和皮卡迪利广场,您将不会了解真正的伦敦。真正的伦敦,需要您稍稍偏离主路去探寻,探索一条小街,尝试异国情调的街头小吃或逛逛花哨的商店。

随便上一辆迷你车

晚上或者下雨天很难叫到出租车时,随便叫一辆提供服务的迷你车是比较容易的。但是这样做并非完全没有风险:与那些驾驶员必须通过考试才能取得营业执照的黑色出租车相比,这种每个人都可以注册一辆,司机也不太认识路的迷你车,对顾客的人身安全来说是无法保障的,曾经发生过乘客被袭击的事件。

插队

对英国"即使只有两个英国人,他们也会立刻站成一条队的刻板印象"虽说有些夸张,但在伦敦,公平秩序通常受到尊重。请您保持礼貌,询问排在队列末尾的人:这是队列的末尾吗?

在地铁里喝酒

在2008年公开打击"反社会行为"的实施过程中,明令禁止在公共汽车、地铁和火车站饮用含酒精的饮品。这项禁令当然也适用于游客。